KB232400

목사가 쓴 러브 레터

목사가 쓴 러브 레터

말씀과만남의 정신

도서출판 말씀과만남은 그리스도인들과 세상 모든 사람들이
하나님의 말씀과 만나 그 생각이 새로워지고 그 삶이 풍성해지도록 돕고 있습니다.

The Malsseum & Mannam Publishing House is helping Christians and men in the world
to meet with God's Word so that they may have their spirits renewed and an the abundant
life.

목사가 쓴 러브 레터

배 창 돈  지음

1판 1쇄 / 2003. 5. 23
발행처 / 말씀과만남
발행인 / 최 헌 근
꾸민이 / 정 희 숙, 이 신 애, 박 찬 숙, 명 희 선
등록번호 / 제20-444호
등록일자 / 1991. 6. 19

138-220 서울특별시 송파구 잠실동 330-3
Tel : (02) 3273-8369, Fax : (02) 3273-8367
전자우편 : mmpress@hanmail.net

ISBN  89-7508-071-4

정가 : 10,000원

잘못된 책은 바꾸어 드립니다.

# 목사가 쓴 러브 레터

배창돈 지음

말씀과만남

# 머리말

목회를 하면서 성도들을 향해 편지를 쓰고 싶었습니다. 1986년 성도가 50여 명 정도 되었을 때 처음 편지를 썼습니다. 성도들에게 영적인 유익을 주기 위해 정성을 기울여 최선을 다했고 매주 한편의 글이 완성되어 주보에 실려 나갔습니다. 처음 연애 편지를 쓸 때보다 더 설레는 마음으로 최선을 다해 성도들에게 권면과 격려 그리고 꿈을 제시하기 위해 노력했습니다. 주님의 바람인 건강한 교회가 되기를 정말 소원했습니다.

1986년 10월 19일 맨 처음 주보에 실린 글은 '가까움'이란 글이었습니다.

이후의 글들은 여러 권의 책으로 출간되었고 지금도 성도들에게 읽혀지고 있습니다. 오늘날 평택대광교회기 있기끼지 한 부분에서 역할을 했다고 생각합니다.

1995년부터는 편지의 대상을 전도 대상자들로 바꾸기 시작했습니다. 그때부터는 매주 두편씩 편지를 썼고 주보에 실려 매주 천 장이 넘게 인쇄되어 전도자의 역할을 지금까지 계속해 오고 있습니다.

이 기간 동안 교회는 참으로 놀라운 변화가 일어났습니다.

새신자들이 꾸준히 등록하기 시작하여 많은 새신자들이 늘어나게 되었습니다. 두 번이나 신축한 예배당이 적어 앉을 자리가 없었습니다. 결국 2002년 6월 30일 1300평의 새 예배당을 건축하여 이전하게 되었습니다. 지금 현재 성도들의 75% 정도는 평택대광교회에서 예수님을 영접한 분들입니다. 이것이 복음을 실은 편지의 능력이 아닌가 하는 생각을 해 봅니다.

저는 저의 목회가 끝나는 날까지 끊임없이 두 종류의 러브 레터를 쓰고 싶습니다. 불신자들에게는 예수님의 사랑을 알리는 전도 편지를 쓰고 싶습니다. 그리고 성도들에게는 하나님의 뜻을 이루어드리는 제자의 삶을 살도록 도전을 주는 목회 편지를 쓰고 싶습니다.

이번에 출간되는 『목사가 쓴 러브 레터』는 2000년 첫 주부터 2003년 5월 11일까지 쓴 내용입니다. 이 글을 읽는 모든 분에게 하나님의 사랑이 전해지기를 간절히 소원해 봅니다. 끝으로 원고 정리와 교정을 해 준 사랑하는 아내와 두 아들 진과 현, 그리고 이 책을 출판하기 위해 수고한 말씀과만남 출판사에 감사와 사랑을 전하고 싶습니다.

2003년 5월
평택 비전동에서 배창돈 목사

# 차례

# 어떤 비행사의 고백

"평안을 너희에게 끼치노니 곧 나의 평안을 너희에게 주노라 내가
너희에게 주는 것은 세상이 주는 것 같지 아니하니라 너희는 마음
에 근심도 말고 두려워하지도 말라." (요한복음 14장 27절)

어떤 비행사가 친구와 함께 하늘을 날고 있었습니다. 그는
친구를 향해 말했습니다. "저 아래를 봐! 아름다운 호수 근처
가 내가 태어난 곳이야. 나는 저곳에서 내 꿈을 키웠어. 날아다
니는 비행기를 보며 비행사의 꿈을 키웠지, 그것이 나의 유일
한 꿈이었지! 그런데 이 꿈을 이룬 나는 결코 행복하지 않네,
어릴 때 뛰놀던 동네를 비행기에서만 볼 수 있으니 말일세! 내
가 곧 은퇴하면 나는 저 고향으로 돌아가서 호숫가에서 물고기
를 잡으려네."

이 세상에 완전한 만족이 있을까요? 꿈을 이루었다고 해도
그 꿈이 행복하게 해 줄 수 없습니다. 어린아이들은 빨리 어른
이 되기를 원합니다. 그러나 어른이 된 후에는 어린아이 때를

그리워합니다. 가난한 자는 부자가 되는 것이 꿈입니다. 그러나 부자가 되고 나면 가난했던 때를 그리워하는 것이 인간입니다.

이 세상을 사는 동안에 완전한 만족을 얻는 길은 없을까요? 인간은 구원자를 만났을 때 비로소 만족할 수 있습니다. 하나님이 보내신 메시아이신 예수님을 만나십시오. 그러면 내면의 평안을 누리고 살 수 있습니다.

# 헌혈

"우리가 아직 죄인 되었을 때에 그리스도께서 우리를 위하여 죽으심으로 하나님께서 우리에게 대한 자기의 사랑을 확증하셨느니라." (로마서 5장 8절)

캘리포니아에 사는 베노즈델이라는 60세 된 분의 이야기입니다. 어느 주말 가까운 병원에서 전화 연락이 왔습니다. 지금 어떤 사람이 중상을 입고 죽어가고 있는데 수혈을 하지 않으면 죽는다는 것이었습니다. 다행히 베노즈델의 피가 이 사람과 같은 피이기 때문에 급히 연락을 했다는 것입니다. 베노즈델의 혈액은 1천 명에 한 명 정도 있는 희귀한 혈액형이었습니다.

죽어 가는 사람을 살리기 위해 병원으로 달려가 침대에 누워 피를 뽑기 시작했습니다. 그는 피를 뽑으며 다친 사람의 사유를 물었습니다. 그러자 병원 직원이 대답하기를 어버이날이라 가족끼리 모였다가 싸움이 나서 칼부림으로 피를 많이 흘린 끔찍한 사건이었다고 말했습니다. 이 이야기를 들으며 자신이 피

를 뽑아 준다는 것이 너무 아깝다는 생각이 들었습니다. 뜻깊
은 어버이날 형제끼리 모여서 칼부림이라니 도대체 이것들이
사람인가 하는 생각 때문이었습니다.

마음에서 분노가 일어나기 시작했습니다. 그러나 그 순간 그
에게 이런 말씀이 생각났습니다. "우리가 아직 죄인 되었을 때
에 그리스도께서 우리를 위하여 죽으심으로 하나님께서 우리
에게 대한 자기의 사랑을 확증하셨느니라." 로마서 5장 8절 말
씀이었습니다.

그렇습니다. 예수님은 용서받을 수 없는 죄인으로 아무런 자
격이 없는 우리에게 엄청난 사랑을 베풀어 주셨음을 기억해야
만 합니다. 그러므로 주님의 사랑을 마음에 품고, 이웃을 사랑
하며 살아야 하겠습니다.

# 문둥병자의 감격

"너는 말씀을 전파하라 때를 얻든지 못 얻든지 항상 힘쓰라 범사에 오래 참음과 가르침으로 경책하며 경계하며 권하라." (디모데후서 4장 2절)

중국에서 문둥병자들에게 복음을 전한 김요석 목사님의 간증 가운데 이런 내용을 들었습니다. 문둥병자들은 참으로 끔찍한 모습과 살이 썩는 냄새로 사랑하는 마음이 없으면 함께 있을 수가 없다고 합니다. 코가 문드러져서 없는 사람, 귀가 없는 사람, 팔다리가 없어서 배로 기어다니는 사람 등 다양한 사람들이 있다고 합니다. 그 광경은 너무나 끔찍하여 도무지 사람이라고 할 수 없을 정도라고 합니다.

어느 날 문둥병에 걸린 조선족 여인에게 복음을 전했다고 합니다. 그런데 그가 6개월 후에 다시 중국에 들어갔을 때 그 주위에 있던 문둥병자들이 자기를 보고 "예수" "예수" 하면서 달려오는 것을 보고 너무 놀라 그 이유를 물으니 그 조선족 여인이 죽어가면서 자신은 예수님이 계시는 하늘 나라에서 영원히 살기 위해 죽는 것이라고 말했다고 합니다. 이제 자신이 가는 곳에는 아픔이나 눈물 그리고 고통이 없는 참으로 행복한 곳이라고 즐거워했다고 합니다.

이 여인을 보고 다른 문둥병자들도 예수님을 믿기 시작했습니다. 한 사람에게 전한 복음이 이토록 많이 전파될 것이라고 자신은 상상하지 못했다고 합니다.

복음 전할 기회를 놓쳐서는 안됩니다. 기회를 놓치는 것은 다시는 돌이킬 수 없는 후회만을 남길 뿐입니다. 그러나 복음을 전하다 보면 상상할 수 없는 결과에 놀라며 감격하게 됩니다. 천국은 모든 인간의 유일한 소망이며 최고의 소망입니다. 이 소망을 모르고 세상이 최고라고 착각하며 살아가는 자에게 복음을 전해야 합니다. 그것이 모든 그리스도인의 사명이며 특권입니다.

# 결혼과 동거

"그러므로 하나님이 짝지어 주신 것을 사람이 나누지 못할지니라 하시더라." (마가복음 10장 9절)

가정은 세상의 기본적인 공동체입니다. 기본적인 공동체가 무너지면 세상은 거꾸로 갈 수밖에 없습니다. 이미 프랑스에는 2백 42만 9000쌍의 동거 커플이 생겼다고 합니다. 결혼 부부는 줄어들고 반면에 동거 커플은 1990-1998년 사이에 62%나 증가했다고 합니다. 동거 커플 사이에서 태어난 아이들도 1967년에는 6%였지만 1985년에는 40% 그리고 1997년에는 60%까지 늘어났다고 합니다.

동거는 결혼과 달리 기분에 따라 마음대로 헤어질 수 있는 길을 열어 놓은 인간의 지혜입니다. 결코 하나님께서 가르치신 지혜가 아닙니다.

프랑스에서는 법률혼이 아니더라도 이성간 혹은 동성간의 결합을 막론하고 모든 동거 형태를 제도적으로 인정했다고 합니다. 앞으로 프랑스와 유럽에서는 결혼식 자체가 사라질지도 모릅니다. "그러므로 하나님이 짝지어 주신 것을 사람이 나누지 못할지니라 하시더라."는 마가복음 10장 9절 말씀이 "사람이 짝지은 것을 하나님이 간섭하지 못할지니라."는 시대로 바뀌어 가고 있는 것입니다.

믿을 수 없는 결혼 상대자에 대한 불안을 동거라는 방어책을 가지고 살아야 하는 인간이 영원한 신랑 되기를 즐겨하시는 예수 그리스도를 만나 그분의 인도를 받는다면 이러한 불안과 염려로부터 자유함을 얻고 행복한 가정을 이룰 수 있음을 알아야 합니다. 예수 그리스도의 손을 잡으십시오.

# 형제

"저가 빛 가운데 계신 것같이 우리도 빛 가운데 행하면 우리가 서로 사귐이 있고 그 아들 예수의 피가 우리를 모든 죄에서 깨끗하게 하실 것이요." (요한일서 1장 7절)

로마에 두 형제가 있었습니다. 형은 군인으로 국가를 위해 큰 공을 세웠습니다. 그러나 안타깝게도 두 팔을 잃고 말았습니다. 그러나 동생은 중죄를 짓고 중형을 받을 수밖에 없었습니다.

재판장이 동생에게 중형을 선고하려는 순간 형이 달려 들어와 재판장에게 무릎을 꿇고 동생의 죄를 용서해 달라고 간청했습니다.

"제가 국가를 위해 두 팔을 잃은 것을 보시고 제 동생의 죄를 용서해 주십시오."

재판장은 두 팔을 잃은 형의 애원을 듣고 이렇게 판결하였다고 합니다.

"그대의 죄는 중형에 해당하나 국가를 위해 두 팔을 잃은 형의 간청을 들어주어 모든 죄를 용서한다."

이 세상 사람들의 죄는 하나님으로부터 중형을 받아 마땅하나 예수 그리스도께서 우리 죄를 대신하여 십자가에 못박혀 돌아가셨기에 죄를 용서받을 수 있는 것입니다. 하나님은 예수님께서 십자가에서 당한 고통의 흔적을 보십니다. 모든 인간은 죽을 때에 이루지 못한 업적 때문에 후회하는 것이 아니라 바르게 살지 못한 것 때문에 후회하며 하나님의 심판을 두려워한다고 합니다. 그러므로 이 세상 사는 동안 반드시 들어야 하는 것은 "예수님이 당신의 죄 때문에 십자가에서 죽으셨습니다."라는 말입니다. 이 사실을 반드시 반드시 믿어야 합니다.

# D·P(displaced people)

"나더러 주여 주여 하는 자마다 천국에 다 들어갈 것이 아니요 다
만 하늘에 계신 내 아버지의 뜻대로 행하는 자라야 들어가리라."
(마태복음 7장 21절)

미국 서북부에 있는 콜롬비아 강에서 번식하는 연어는 여러
해 동안 고향을 떠나 바닷가에 살다가 7년쯤 지나면 알을 낳기
위해 자기가 태어난 고향으로 돌아옵니다. 고향으로 돌아온 연
어는 색깔이 변하여 많은 알을 낳습니다. 그리고 곧 죽어 버린
다고 합니다. 그뿐만이 아닙니다. 여우는 죽을 때 자기기 살던
언덕 쪽으로 머리를 똑바로 향한다고 합니다.

이처럼 고향에 대한 그리움은 짐승에게도 있습니다. 사람도
고향을 그리워합니다. 그런데 고향에 대한 그리움은 타향살이
를 한 사람일수록 더욱 애절합니다. 고향은 돌아오는 사람들을
결코 거부하지 않습니다. 방랑자들을 기다리고 있는 것입니다.

돌아갈 집이 없이 거리를 방황하는 사람들처럼 불쌍한 사람

도 없습니다. 세계 곳곳에는 전쟁이나 쿠데타 등으로 고향을 떠난 사람들이 많이 있습니다. 이들을 D·P(displaced people)라고 합니다. 그러나 더욱 불쌍한 것은 죽음 이후에 돌아갈 고향이 있다는 사실을 모르는 사람입니다.

"오 하나님 지나간 세월 속에 우리의 도움이셨으며, 오는 시간들을 위한 우리의 소망이시며, 휘몰아치는 폭풍으로부터의 우리의 피난처이시며, 우리의 영원한 본향이시네."

수많은 찬송시를 작사한 아이작 왓츠의 말입니다.

# 사명



스위스의 교육 사상가 카알 힐티는 그의 명저 『잠 못 이루는 밤을 위하여』에서 이렇게 말했습니다. "인간 생애 최고의 날은 자기의 사명을 깨닫는 날이다."

내가 왜 태어났으며 무엇을 하며 살아야 하는지를 알지 못하고 사는 사람들이 많습니다.

'사명' 이란 심부름을 받은 목숨이란 뜻입니다. 우리는 하나님께서 주신 생명으로 삽니다. 결국 심부름꾼에 불과한 것입니다. 그렇다면 충실하게 심부름을 해야 하지 않겠습니까?

사명감을 가진 사람은 신념과 성실함으로 주어진 일에 최선을 다할 수 있습니다. 그리고 용감한 삶을 살 수 있습니다. 사명감을 가지면 어떤 고난도 두려워하지 않습니다. 하나님께서 인간에게 주신 사명감을 발견한 사람은 행복한 사람입니다. 가야 할 길을 알고, 사는 방식을 발견했기 때문입니다.

하나님께서 인간에게 원하시는 열매에는 생명을 걸 가치가 있습니다. 예수님은 자신의 사명을 충실하게 수행하셨습니다. 인간의 눈으로 보면 십자가의 죽음이 실패자의 모습처럼 보일 수 있습니다. 그러나 예수님은 십자가에서 큰 소리로 외치셨습니다. "다 이루었다."

당신은 사명을 발견하였습니까? 하나님께서 당신에게 주신 '사명' 말입니다.

# 어머니 사랑

"하나님이 세상을 이처럼 사랑하사 독생자를 주셨으니 이는 저를 믿는 자마다 멸망치 않고 영생을 얻게 하려 하심이니라." (요한복음 3장 16절)

이런 이야기가 있습니다. 어느 날 하나님이 천사를 보내어 지상에서 제일 아름다운 것 세 가지를 가져오라고 하였습니다. 천사는 지상에서 아름다운 것 세 가지를 찾았습니다. 그것은 예쁜 꽃과 어린아이의 웃음 그리고 어머니의 사랑이었습니다. 꽃은 모두 아름답습니다. 아름답게 보이지 않는 꽃은 없습니다. 그리고 어린아이의 웃음은 언제 보아도 아름답게 보입니다. 맑은 눈으로 천진난만하게 웃는 모습은 참으로 평화롭고 아름답습니다. 천사는 이 세 가지를 가지고 하늘 나라로 갔습니다. 그런데 하늘 나라에 가서 보니 꽃은 이미 시들어 있었습니다. 그리고 어린아이의 웃음도 몇 해가 지나는 사이에 아름다운 모습을 잃어버리고 말았습니다. 그러나 어머니의 사랑은 전혀 변하지 않았습니다. 하나님은 세 가지 중에 어머니의 사랑이 제일 아름답다고 인정했다고 합니다.

어머니의 사랑은 끝없이 베푸는 사랑입니다. 누구도 그 사랑을 모방할 수 없는 절대적인 사랑이기도 합니다. 도무지 용서할 수 없는 자녀를 껴안고 이해하는 사랑이 바로 어머니의 사랑입니다. 그런데 어머니의 사랑 보다 더 아름다운 사랑이 있습니다. 그것은 바로 하나님의 사랑입니다.

모든 사람에게 끝없이 베풀고 모든 것을 완벽하게 준비하는 사랑은 하나님의 사랑밖에 없습니다. 하나님은 불완전한 인간을 위해 모든 것을 준비하셨습니다. 이 세상 뿐 아니라 죽음 이후의 필요까지 준비하신 것입니다. 그러나 많은 사람이 이런 하나님의 사랑을 외면하고 있으니 참으로 안타까운 일입니다.

# 생각하는 존재

"너는 청년의 때 곧 곤고한 날이 이르기 전, 나는 아무 낙이 없다고 할 해가 가깝기 전에 너의 창조자를 기억하라." (전도서 12장 1절)

사람이 짐승과 다른 점은 생각하는 존재라는 것입니다. 짐승은 본능적이며 충동적으로 살아갑니다. 그래서 '먹고 자고 생식하고 죽는 것'이 짐승의 모습입니다. 그러나 사람은 생각하며 살고, 살면서 생각하는 존재입니다.

프랑스의 철학자 데카르트는 "나는 생각한다 고로 나는 존재한다."고 말했습니다. 파스칼은 그의 저서 『팡세』에서 이런 말을 했습니다. "인간은 한 개의 갈대에 지나지 않는다. 자연 속에서 가장 약한 것이다. 그러나 인간은 생각하는 갈대다. 나는 손도 발도 머리도 없는 인간을 생각할 수 있다. 그러나 생각하지 않는 인간은 생각할 수 없다. 그런 것이 있다고 하면 돌멩이나 짐승일 것이다."

하나님께서는 인간에게 생각할 수 있는 능력을 주셨습니다. 그런데 무엇을 생각하며 사느냐에 따라 삶의 모양이 달라진다는 것입니다. 많은 철학자들은 생각으로 인간의 도덕적 품위를 높일 수 있을 것처럼 말했습니다. 그러나 인간의 존재에 대해 파악하지 못하면 모든 생각은 결국 허무와 절망으로 끝날 수밖에 없습니다. 인간을 창조한 하나님을 부인할 때 생각의 범위는 어느 한계를 벗어날 수 없는 것입니다. 단지 이 세상이라는 범위 말입니다. 그러나 창조주이신 하나님을 인정할 때 이 세상 뿐 아니라 죽음 이후를 준비하는 인간으로 거듭나게 됩니다. 그리고 이 세상에서 살아가는 방법과 자신에게 주어진 사명을 발견하게 됩니다.

# 작은 영웅

"그 주인이 이르되 잘 하였도다 착하고 충성된 종아 네가 작은 일
에 충성하였으매 내가 많은 것으로 네게 맡기리니 네 주인의 즐거
움에 참예할지어다 하고" (마태복음 25장 23절)

옛날 이탈리아에 베네딕토라는 사람이 있었습니다. 그는 가
죽으로 말안장과 말고삐를 만드는 사람이었습니다. 어느 날 베
네딕토가 일하는 가게 앞을 어떤 사람이 말을 타고 지나가고
있었습니다. 그런데 말이 갑자기 놀라서 앞발을 들고 공중에서
몸부림을 치기 시작했습니다. 말 위에 타고 있던 사람은 떨어
지지 않기 위해 필사적으로 말고삐를 붙잡고 있었습니다. 잠시
후에 말은 제 정신을 찾았습니다.

이 광경을 본 베네딕토는 자신이 하고 있는 일이 얼마나 중
요한지 알게 되었습니다. 만약 말고삐나 안장이 끊어졌다면 그
사람은 말에서 떨어져 죽었거나 크게 다쳐 불구자로 살게 되었
을지도 모르기 때문입니다. 그날 이후 베네딕토는 자신이 하고

있는 일에 대단한 자부심을 느꼈습니다. 이전까지는 단지 밥벌이를 하기 위해 그 일을 했지만 그 날 이후부터는 다른 사람의 생명과 안전을 지킨다고 생각하니 자부심과 만족감을 가지게 되었습니다. 자신의 일에 대한 사명감을 가지고 행복과 보람으로 그 일을 하게 되었습니다.

자신에게 주어진 일이 보잘것없어 보여도 그 일에 최선을 다하는 사람이 바로 오늘의 영웅인 것입니다. 하나님께서는 이 세상이 작은 영웅들에 의해 건강해지기를 원하십니다. 오늘도 주님은 작은 영웅을 찾고 계십니다.

# 최고의 무기

"너는 내게 부르짖으라 내가 네게 응답하겠고 네가 알지 못하는
크고 비밀한 일을 네게 보이리라." (예레미야 33장 3절)

신학교에 갓 입학하여 어느 목사님으로부터 감명 깊게 들은 설교의 예화 한편을 아직도 기억하고 있습니다. 미국 달라스에 사는 어떤 용접공이 도시에서 멀리 떨어진 곳에서 하수도 송수관 공사를 하고 있었습니다. 같이 일하던 동료는 먼저 가고 혼자 남아 일을 하다가 갑자기 무너진 흙더미에 묻혀 버렸습니다. 다행히 용접 마스크를 쓰고 있었기에 겨우 숨은 쉴 수 있었습니다. 사방에서 밀려드는 압력에 심장이 답답하고 코에서는 피가 흐르기 시작했습니다. 더 이상 숨쉬기도 힘들었습니다. 죽음이 눈앞에 다가오고 있는 것을 느꼈습니다. 사방은 어두워져 가고 있었습니다. 모든 것이 절망적이었습니다. 그가 할 수 있는 일은 아무것도 없었습니다.

그에게는 기도해 본 경험이 있었습니다. 그는 간절히 기도했습니다. "하나님 살려 주십시오. 누군가를 좀 보내 주십시오."
그때 그의 친구가 일을 마치고 집으로 돌아가다가 갑자기 자기
친구 생각이 났습니다. 그는 친구가 일하는 현장에 도착해보니
흙이 무너져 있었습니다. 아무것도 보이지 않았습니다. 그런데
한 쪽에서 무엇인가 움직이고 있었습니다. 그것은 바로 친구의
손이었습니다. 급히 흙을 치우고 친구를 구해냈습니다.

하나님은 인간에게 어떤 상황에서도 사용할 수 있는 최고의
무기인 기도를 우리에게 주셨습니다. 기도는 가장 강력하고 확
실한 무기입니다. 상황에 관계없이 사용할 수 있습니다. 그러
나 많은 사람이 기도의 능력을 몰라서 사용하지 않고 있거나
기도의 능력을 과소 평가해서 녹슨 상태로 처박아 둔다는 사실
입니다.

# 성숙

"아기가 자라며 강하여지고 지혜가 충족하며 하나님의 은혜가 그
위에 있더라." (누가복음 2장 40절)

성장과 성숙은 다릅니다. 성장은 단시일 내에도 가능하지만
성숙은 일정한 시간이 걸려야 합니다. 씨를 심어 싹이 나고, 잎
이 나서 어느 정도 자란 모습이 성장이라면 성숙은 뜨거운 햇
볕 아래서 열매를 맺는 것입니다. 성숙은 과정 없이 불가능합
니다. 단시일 내에 가능한 것이 아닙니다.

지식을 많이 소유했다고 성숙한 자라고 말할 수 없습니다.
성숙한 자는 지식을 받아들이고 깨달아서 머리로 판단하고 행
동에 옮길 수 있어야 합니다. 무엇인가를 보면 가슴부터 뜨거
워 분별력 없이 날뛰는 것은 성숙한 모습이 아닙니다. 성숙한
사람은 생각하는 사람입니다. 생각 속에서 언어와 행동 그리고
삶이 결정되기 때문입니다. 성숙하면 부분만 보던 것에서 전체
를 볼 수 있는 안목을 가지게 됩니다. 성숙하게 되면 감정보다

는 머리로 결정하게 됩니다. 오늘날 많은 경우 순간적인 기분 때문에 일들을 그르칩니다. 기분 때문에 옳고 그름의 분별을 하지 못합니다. 이는 바로 더 성숙해야 한다는 증거이기도 합니다.

성숙은 시간이 필요합니다. 어떤 사람이 씨를 뿌리고 싹이 나는 것을 보며 기뻐했습니다. 그리고 좀 더 빨리 자라게 하기 위해 싹을 잡아서 약간 뽑아 주었습니다. 며칠 후 가 보니 모두 말라 죽고 말았습니다. 충분히 물과 거름을 준 후 뜨거운 태양 아래서의 시간이 필요하다는 것을 망각한 것입니다.

성숙하기 전에 빨리 직분자가 되는 것부터 원한다면 성숙을 위한 생명과 같은 시간을 뽑아 버리는 어리석음을 범하는 것입니다. 예수 그리스도는 우리가 성숙해서 그분을 닮아가기를 원하십니다. 그리스도인의 목표는 외적인 부요함과 직분이 아니라 성숙입니다.

# 후손에게 물려줄 유산

"다만 그들이 항상 이 같은 마음을 품어 나를 경외하며 나의 모든 명령을 지켜서 그들과 그 자손이 영원히 복 받기를 원하노라." (신명기 5장 29절)

뉴욕시 교육위원회에서 교육 자료로 쓰기 위해서 두 가계를 연구하였습니다. 한 사람은 미국 프린스톤대학 설립자인 에드워드 요나단 목사의 가계이며 또 다른 가계는 뉴욕에서 술집을 경영하여 거부가 된 마크스 슐츠라는 불신자의 가계였습니다. 누 가계 모두 5내 손까지 통계를 냈습니다.

먼저 에드워드 요나단 목사의 후손은 731명으로 선교사 목사가 116명, 교직에 종사한 자가 86명이며 그 중에 학장과 총장이 69명, 문학가 75명, 국회의원 4명, 부통령 1명, 실업가 73명, 발명가 21명, 장로 집사가 286명이었습니다.

마크스 슐츠의 후손은 모두 965명으로 교도소 생활 5년 정도 한 사람이 96명, 정신병자와 알코올 중독자 58명, 창녀 65

명, 정부 보조를 받는 극빈자 286명, 기타 불학 무식한 자가 460명으로 이 가계의 사람들이 사고 친 것을 수습하기 위해 연방 정부에서 무려 1억 5천 만불이나 낭비하였습니다.

한 사람의 영향력은 참으로 대단합니다. 어떤 생각과 어떤 목표를 향해 달려가느냐 하는 것은 참으로 중요합니다. 그러나 그것보다 더 중요한 것은 예수님을 믿는 것입니다. 예수님을 통해 하나님의 뜻을 알고 그분의 뜻에 순종할 때 완벽한 미래를 보장받을 수 있기 때문입니다. 인생의 모든 복은 하나님을 통해 주어집니다. 하나님을 인정하고 말씀대로 사는 것은 후손을 사랑하며 축복하는 것입니다. 그러나 하나님을 거부하고 죄악 속에서 사는 것은 후손에게 독주와 저주를 퍼부어 주는 참으로 악랄한 짓입니다.

# 의사 소통

"영접하는 자 곧 그 이름을 믿는 자들에게는 하나님의 자녀가 되
는 권세를 주셨으니" (요한복음 1장 12절)

경상도 할머니와 외국인이 버스를 기다리고 있었습니다. 할
머니가 버스가 오는 것을 보고 "왔대이!"라고 말하자 외국인은
자신에게 무슨 요일이냐(what Day?)고 묻는 것으로 알고 "먼
데이!"(Monday)라고 대답했습니다. 그러자 할머니가 "버스대
이"라고 말했습니다. 외국인은 할머니의 생일(Birthday)로 알
아 듣고 "해피 버스데이 투유."(Happy birthday to you!)라고
축하했다고 합니다.

전혀 의사 소통이 되지 않은 결과입니다. 예수 그리스도를
믿고도 하나님과 의사 소통이 되지 않는 경우가 많습니다.

하나님께서 주기를 원하시는 것과 우리가 구하는 것이 다르
기 때문입니다. 하나님께서 원하시는 대로 행동하고 살아간다
면 참으로 지혜로운 자일 것입니다. 하나님께서 인간에게 주시

고자 하는 것은 참으로 크고 위대하며 영원한 것입니다. 그러나 인간이 하나님의 손에 붙잡히지 않으면 참으로 왜소하고 불행한 자로 살 수밖에 없습니다.

당신은 하나님의 손에 붙잡혀 살아가고 있습니까? 아니면 전혀 의사 소통이 되지 않는 사오정과 같은 삶을 살고 있습니까? 아니면 하나님의 자녀로서의 특권과 영광을 누리고 있습니까?

# 망가진 승용차

"하나님이 우리를 사랑하시는 사랑을 우리가 알고 믿었노니 하나
님은 사랑이시라 사랑 안에 거하는 자는 하나님 안에 거하고 하나
님도 그 안에 거하시느니라." (요한일서 4장 16절)

승용차가 충돌 사고로 완전히 망가졌습니다. 차는 즉시 견인
되어 정비공장에 입고되었습니다. 정비공장에서 파손된 부분
이 새로운 부품으로 교체되기 시작했습니다. 특히 심하게 망가
진 부분들이 많아서 산소 용접기를 사용했습니다. 산소 용접기
를 통해서 나오는 고온의 가스 불이 아니면 완선하세 필 수도
없었습니다.

만약 망가진 부분을 망치로만 두들긴다면 오히려 더 망가질
수밖에 없었을 것입니다. 철판은 불로 달구지 않으면 말을 듣
지 않습니다. 이처럼 죄로 인해 망가진 사람은 하나님의 진노
의 대상이지만 하나님은 사랑이라는 뜨거운 불로서 망가진 부
분을 완벽하게 펴 주십니다.

하나님께서 독생자 외아들을 주신 것이야말로 산소 용접기에서 나오는 뜨거운 가스 불과 비교될 수 없는 사랑의 불인 것입니다. 이 사랑의 불에 닿기만 하면 아무리 망가진 사람도 정상적으로 회복될 수 있습니다.

하나님의 사랑을 아직도 모르고 있습니까? 당신이 예수 그리스도를 믿기만 한다면 하나님은 사랑으로 당신의 망가진 모든 부분을 회복시켜 주실 것입니다.

# 영적인 전염병

"또 오셔서 먼 데 있는 너희에게 평안을 전하고 가까운 데 있는
자들에게 평안을 전하셨으니" (에베소서 2장 17절)

한때 구제역 때문에 야단이었습니다. 도로에도 구제역 예방
을 위해 오가는 모든 차량을 대상으로 방역을 실시했습니다.
전염병은 사람이나 짐승 모두에게 무서운 병임에 틀림이 없습
니다.

1968년 미국 콜롬비아대학교의 심리학 교수팀에서 발표한
실험 내용입니다. 길거리에서 지갑을 떨어뜨린 후 그 속의 신
분증을 돌려 주는 사람이 45%에 달했습니다. 그러나 6월 4일
은 신분증을 돌려 주는 사람이 단 한 명도 없었습니다. 그 날은
미국의 대통령 후보로 가장 유력했던 로버트 케네디가 암살 당
한 날이었습니다. 이는 나쁜 소식이 사람에게 부정적인 영향을
끼치기 때문이라는 결론을 심리학자들이 내렸습니다.

부정적인 소식과 비관적인 사건을 보면 전체의 분위기를 어

둡게 만든다는 것입니다. 눈에 보이는 전염병이 무섭다면 마음을 부정적으로 만드는 영적인 전염병은 더 무섭다는 사실을 알아야 합니다.

행복한 사람 곁에 사는 사람은 행복합니다. 그러나 불행하다고 생각하며 부정적이고 비관적인 사람과 함께 있다 보면 전염되어 자신도 모르는 사이에 불행의 그림자 속으로 들어갈 수 있습니다. 긍정적인 생각은 자신 뿐 아니라 이웃 그리고 공동체를 행복하게 만듭니다.

예수 그리스도를 만난 자는 행복과 평안함을 소유한 긍정적인 자가 되어야 합니다. 예수 그리스도가 행복을 가지신 분이기 때문입니다. 이런 예수 그리스도를 마음에 모시고 사는 자가 평안과 행복이 없다면 부정적이고 비관적인 영성을 가진 자들에게 전염되어 있는 것은 아닌지 자신을 살펴보아야 할 것입니다.

# 석가모니의 뼈

"예수께서 가라사대 나는 부활이요 생명이니 나를 믿는 자는 죽어
도 살겠고" (요한복음 11장 25절)

한때 불교를 국교로 하는 나라가 떠들썩했던 적이 있습니다. 석가모니의 뼈를 발견했다는 것 때문이었습니다. 이 뼈들은 수백만 사람들의 경의 속에 시가행렬을 하였고 많은 불교 신도들은 그 뼈 앞에 무릎을 꿇고 감격해 했습니다.

만약 예수 그리스도의 뼈가 단 하나라도 발견되었다면 기독교는 존재할 아무런 이유가 없습니다. 예수 그리스도는 부활하여 지금도 살아 계신 분입니다. 죽어서 아무런 힘도 없는 뼈를 향해 열광한다면 살아 계신 주님을 향하여는 어떤 태도를 취해야 하겠습니까?

수년 전 선교 대회 때문에 러시아에 간 적이 있습니다. 모스크바의 붉은 광장 지하실에 레닌의 시신이 있었습니다. 잘 보관된 레닌의 시신을 보기 위해 수많은 사람들이 오가는 것을 보았습니다. 죽은 자는 말이 없습니다. 아무것도 할 수 없습니다. 그리고 미래를 위해서는 정말 아무것도 할 수 없는 미라에 불과합니다.

부활하신 예수님을 믿는 자에게 주어진 축복은 말로써 표현할 수 없습니다. 예수님을 믿는 자는 부활의 주님의 사랑을 소유하며 살 수 있습니다. 그리고 영원한 삶을 보장받을 수 있습니다.

# 어떤 청년의 집념

"말씀하시기를 이러므로 사람이 그 부모를 떠나서 아내에게 합하
여 그 둘이 한 몸이 될지니라." (마태복음 19장 5절)

석유에 대한 강한 집착을 가진 어떤 청년이 있었습니다. 오
크라오마대학에서 지질학을 공부한 이 청년은 오직 석유의 매
장지와 석유의 개발에 대한 강한 집착을 가지고 있었습니다.
석유가 나오지 않는 폐광을 싼값에 사서 석유를 파기 시작했습
니다. 600피트를 파고 내려갔으나 아무것도 나오지 않았습니
다. 그는 포기하지 않고 7,500불을 빌려서 630피트까지 파고
내려갔습니다. 그러나 아무것도 나오지 않았습니다. 미친 듯이
일하는 이 청년을 향해 사람들이 비웃기 시작했습니다. 가까운
이웃이나 친구들까지 이해하지 못하고 빈정거렸습니다. 잘못
하면 빚더미 위에 올라 앉아 모든 것을 포기해야 할는지 모르
는 그를 아무도 이해해 주지 않았습니다. 그는 계속해서 더 깊
이 파내려 가기 시작했습니다. 700피트까지 파내려 갔을 때

드디어 석유가 터졌습니다. 하루에 1만 2천 배럴이라는 엄청난 양이 나오기 시작했습니다. 이 사람은 1919년 미국 엘파소에서 출생한 죤 매칼이라는 사람입니다. 만약 실망하고 중단했다면 매칼은 아무것도 얻을 수 없었을 뿐더러 빚더미 위에 올라 앉았을 것입니다.

참고 견디는 자는 열매를 얻을 수 있습니다. 한국인의 단점 가운데 하나가 조급한 성격을 가진 것이라고 합니다. 예수님을 믿고 나면 금방 무엇인가 얻을 것처럼 생각하다가 실망하는 사람들이 많습니다. 그래서 몇 번 교회에 나오다가 나오지 않는 경우도 있습니다. 인내할 수 있는 용기가 필요합니다. 그런 점에서 인내는 지혜요 보물입니다. 끈기가 없는 사람이 얻을 수 있는 것은 아무것도 없습니다. 하나님은 끝까지 충성하고 참을 수 있는 자에게 하나님의 일을 시키실 뿐 아니라 영광도 얻을 수 있도록 도우실 것입니다.

# 아버지의 실패

"또 아비들아 너희 자녀를 노엽게 하지 말고 오직 주의 교양과 훈
계로 양육하라." (에베소서 6장 4절)

중학교 3학년 남학생인 최 군의 아버지는 사업에 실패한 뒤
에 술만 마시면 가족들에게 손찌검을 하고 가재 도구를 부수었
습니다. 술취한 아버지의 행패는 날이 갈수록 그 강도를 더해
갔습니다. 최 군은 어머니가 자신을 붙잡고 울 때마다 아버지
에 대한 증오와 분을 삼키지 못하여 혼자서 음악을 듣곤 하였
습니다. 그 날도 아버지가 술을 먹고 들어와 어머니와 자신에
게 욕설을 퍼붓기 시작했습니다. 아들은 분노로 자신도 모르는
사이 과도를 들고 집을 나왔습니다. 아무나 보면 죽이고 싶은
욕망이 생기기 시작했습니다. 잠시 후 엘리베이터를 탔고 마침
그때 여중학교 1학년 송 양이 타고 있었습니다. 11층에서 내리
려고 하는 송 양의 뒤에서 과도를 꺼내 목을 찔렀고 송 양은 피
를 쏟으며 쓰러졌습니다.

자녀들은 아버지의 일상생활을 통해서 배웁니다. 아버지가 모델인 셈입니다. 어린 시절에는 아버지보다 강한 힘은 없습니다.

'구스타프포스'가 쓴 『아이들 세계로 가는 아버지』에는 이런 글이 있습니다. "한 가정의 성격을 결정하는 사람은 아버지이다. 그러므로 아버지가 충동적으로 행동하면 아이의 성격에 치명적인 상처를 안기게 된다."

"한 아버지는 100명의 스승보다 낫다."는 말이 있습니다. 아버지의 무질서와 분노는 자녀에게 지울 수 없는 상처를 주어 인생의 실패자로 만들 수 있음을 기억해야 합니다.

# 아들과 손자

"너는 내일 일을 자랑하지 말라 하루 동안에 무슨 일이 날는지 네가 알 수 없음이니라." (잠언 27장 1절)

미국 담배 회사들이 눈엣가시처럼 여기는 사람이 있습니다. 그는 다름 아닌 파토릭 레이놀즈라는 사람입니다. 그는 미국의 최대 담배회사를 설립한 R. J. 레이놀즈 사의 창설자의 손자라고 합니다. 그는 3세 때에 이혼한 아버지와 헤어져 살았습니다. 그가 15세 때에 우여곡절 끝에 아버지를 만났으나 아버지는 병실 침대에서 사경을 헤매고 있었습니다. 아버지는 담배를 너무 많이 피워서 폐암에 걸렸고 얼마 후에 세상을 떠나고 말았습니다.

이 일 후에 그는 금연 운동가가 되어 흡연과의 전쟁을 결심하였습니다. 그리고는 시민 조직과 함께 흡연에 대한 규제를 부르짖기 시작하여 흡연에 대한 피해 보상과 규제를 실현시켰습니다. 사람들은 자신의 행동이 어떤 결과를 가져올지 전혀 모르고 행동하는 경우가 많습니다.

담배 회사를 창설한 R. J. 레이놀즈는 자신이 만든 담배로 인해 아들이 폐암으로 죽고, 손자가 자신이 창설한 담배 회사의 최대의 적이 되리라고는 생각하지 못했을 것입니다.

오늘을 살지만 내일을 내다볼 수 없는 인간에게 가장 필요한 것은 하나님의 뜻입니다. 그분의 뜻에 순종하면 하나님께서 인도해 주십니다. 그러나 내 욕심대로 산다면 후손에게 못할 일을 하는 것이 됩니다. 인생은 오늘의 삶으로 결판이 나지 않습니다. 먼 훗날이 오늘의 삶을 결정해 주기 때문입니다. 바로 오늘 결판을 내겠다는 사람들 때문에 미래가 어두워지는 것입니다.

# 유럽인을 울린 편지

"너의 중에 분깃이나 기업이 없는 레위인과 네 성중에 우거하는 객과 및 고아와 과부들로 와서 먹어 배부르게 하라 그리하면 네 하나님 여호와께서 너의 손으로 하는 범사에 네게 복을 주시리라." (신명기 14장 29절)

얼마 전 벨기에 비행기에 숨어 들어 유럽으로 밀항하려다가 기내에서 동사한 기니의 10대 두 명의 편지가 유럽인의 마음을 울렸습니다. 야긴 코이타(14세)와 통가라(15세)라는 두 어린이입니다. 이들은 기니 코나크리에서 벨기에의 브뤼셀로 향하는 항공기에 숨어들었습니다. 그러나 이들은 고도 1만 피트 상공에서 영하 50-55도까지 내려가는 강추위를 견디지 못하고 꼭 부둥켜안고 얼어죽고 말았습니다. 더욱 안타까운 것은 꼭 껴안고 죽은 그들의 손에는 한 장의 편지가 들려 있었습니다. 그 내용은 아프리카 어린이들이 전쟁과 질병, 식량 부족으로 죽어가고 있음을 유럽 여러 나라에 알리는 편지였습니다. 유럽 각국 정상과 정부 책임자들에게 보낸 편지의 내용입니다.

"당신들의 아름다운 대륙(유럽)에 사랑을 호소합니다. 우리가 기댈 곳은 당신들의 자비뿐입니다. 우리를 도와 주세요. 아프리카 어린이들과 청소년들은 엄청난 전쟁과 질병, 가난과 기아에 허덕이고 있습니다. 극소수 부유한 가정의 자녀를 제외하면 교육을 받을 기회도 없습니다. 우리의 무례한 행동에 노여워 하지 마시고 아프리카에 애정을 베풀어 주세요."

– 1999년 7월 29일 기니의 두 소년 씀


기니는 아프리카 최빈국으로 일간지조차 하나 없다고 합니다. 두 소년은 죽음으로 아프리카의 참상을 알린 것입니다. 이들의 죽음이 아프리카 사람들을 빈곤으로부터 구원할 수 있는 계기를 만들었다면 예수 그리스도의 죽음은 죄로부터 우리를 구원해 준 최고의 기쁜 소식입니다.

하나님은 이 소식을 모두가 자신의 것으로 소유하기를 간절히 원하고 계심을 아십니까?

# 인생의 굴레

"영생은 곧 유일하신 참 하나님과 그의 보내신 자 예수 그리스도
를 아는 것이니이다." (요한복음 17장 3절)

영국의 극작가 서머셋 모음이 쓴 『인생의 굴레』에는 이런 내
용이 있습니다.

동방의 어느 왕이 유명한 학자를 불러서 인생이 무엇인지 설
명한 책이 있으면 가져오라고 했습니다. 학자는 인생에 대해
기록한 500권의 책을 가져왔습니다. 왕은 책을 보고 놀라며
"이렇게 많은 책을 언제 다 보겠는가? 간추려 가져오게."라고
말했습니다. 학자는 20년 동안 간추려서 50권의 책으로 줄였
습니다. 이 책을 본 왕은 다시 한 권으로 줄이라고 했습니다.
다시 20년이 걸려 한 권으로 줄였으나 왕은 늙어서 그 책을 읽
을 기력이 없었습니다. 왕은 책의 내용을 한 마디로 줄이라고
했습니다. 왕은 임종을 맞고 있었습니다. 학자는 임종 직전에
왕 앞에 나아와 아뢰었습니다. "대왕마마 인생은 태어나서 고

생만 하다가 죽는 것입니다."라고 말하자 왕은 "그래, 자네 말이 맞네."라고 말했다고 합니다.

만약 이것이 인생이라면 참으로 허무하다고 말할 수 있습니다. 그러나 하나님께서는 인생을 이렇게 안개와 같은 존재로만 만들지 않으셨습니다.

이 세상에서의 삶만 보면 그렇게 보이지만 하나님은 이 세상 이후에 또 다른 처소를 준비하고 계신다는 사실입니다. 인생에게 영생을 주신 것입니다. 예수 그리스도를 믿기만 하면 육체적인 죽음 이후까지 보장받는 영원한 행운아가 될 수 있습니다. 성경을 통해 모든 인생에게 주시는 말씀을 기억하십시오.

"진실로 진실로 너희에게 이르노니 믿는 자는 영생을 가졌나니"(요 6:47)

"영생은 곧 유일하신 참 하나님과 그의 보내신 자 예수 그리스도를 아는 것이니이다"(요 17:3).

# 천국

"모든 눈물을 그 눈에서 씻기시매 다시 사망이 없고 애통하는 것
이나 곡하는 것이나 아픈 것이 다시 있지 아니하리니 처음 것들이
다 지나갔음이러라." (요한계시록 21장 4절)

천국은 하나님이 준비하신 최고의 처소입니다. 천국은 믿음
으로 가는 곳이며 하나님과 함께 거하는 곳입니다. 천국은 믿
음만 있으면 어디에서든 갈 수 있습니다.

영국의 탐험가인 길버트(Humphrey Gilbert 1539-1583)는 북
미를 탐험하여 뉴펀들랜드 식민지를 개척한 분입니다. 길버트
는 세상에서 마지막 여행을 하게 되었습니다. 그런데 그가 탄
배가 빙산과 충돌하여 침몰하게 되었습니다. 그때 당황하는 승
무원들에게 이렇게 말했습니다. "두려워 말아라. 천국은 바다
에서나 육지에서나 어디에서든지 갈 수 있다." 길버트는 침몰
해 가는 배 위에서 조용히 성경을 읽고 있었다고 합니다.

천국은 믿는 자들이 다시 만나는 곳입니다. 다시는 이별의

고통이 없는 곳입니다. 이 세상을 한 많은 세상이라고 합니다. 그래서 많이 울고 가슴아파하며 상처와 응어리를 품고 삽니다. 그러나 천국은 아픔도 눈물도 없습니다. 그리고 다시는 사망이 없습니다. 영원히 사는 곳이기 때문입니다. 우리 모두 천국에서 다시 만날 것을 소망 삼고 살아갑시다. 믿음을 가진 자들의 마지막은 영광입니다. '해피 엔드'입니다.

이별의 아픔만 보지 말고 다시 만날 감격을 기대하며 살아갑시다.

# 천문학자 '켈퍼'

"여호와께서 통치하시니 스스로 권위를 입으셨도다 여호와께서 능력을 입으시며 띠셨으므로 세계도 견고히 서서 요동치 아니하도다." (시편 93편 1절)

천문학자 중에 '켈퍼'라는 사람이 우주 망원경을 볼 때마다 하나님의 오묘한 창조의 섭리에 감탄했습니다. 태양을 중심으로 한 수많은 별들이 빠른 속도로 돌면서도 단 한 번도 충돌하지 않는 것과 그 아름다움에 감탄을 한 것입니다. 그는 태양계를 중심으로 해서 유성이 돌고 있는 태양계의 모형을 만들었습니다. 마침 그의 친구 중에 하나가 찾아와서 그가 만든 태양계의 모형을 보고는 "잘 만들었는데 누가 이것을 만들었지!"라고 물었습니다. 그러자 '켈퍼'는 "아무도 안 만들었어, 스스로 생긴 거야!"라고 말했습니다. 그러자 "무슨 농담을 하는 거야, 스스로 생기다니? 누가 만들었는지 말 좀 해봐."라고 말했습니다. 그때 천문학자 '켈퍼'는 이렇게 말했습니다. "친구여! 보잘것없는 태양계의 모형도 스스로 생기지 않거든 하물며 창조 이래 한 번도 충돌 없이 정확하게 도는 저 천체를 지으신 분을 모르겠나? 창조의 위대한 능력과 태양계의 오묘한 질서를 믿지 못하는 자네를 위해서도 하나님은 사랑을 베풀고 계신다네." 이 말을 들은 친구는 하나님의 존재를 믿게 되었다고 합니다.

하나님은 살아 계신 분입니다. 하나님을 믿는 순간 인생의 모든 문제가 해결될 수 있습니다. 예수 그리스도를 믿는 자는 하나님의 자녀로 삼으시는 놀라운 하나님의 계획을 아직도 모르고 있습니까?

# 억만 장자의 아들

"눈물을 흘리며 씨를 뿌리는 자는 기쁨으로 거두리로다." (시편
126편 5절)

어떤 청년이 20세 때에 야구 선수가 되기로 작정하였습니다. 청년의 아버지는 억만 장자였기에 힘들게 운동을 하지 않아도 미래가 보장되어 있는데 험난한 스포츠 선수가 되겠다는 결심에 놀랄 수밖에 없었습니다. 그를 데려가겠다고 하는 야구 팀은 어디에도 없었습니다. 그의 아버지는 아들을 위해 메이저 리그 구단까지 사는 것을 생각했다고 합니다. 아버지는 절친한 친구인 LA다저스의 토미 라소다 감독에게 아들을 부탁했고 라소다 감독은 1988년 신인 트래프트에서 62번째로 지명을 받도록 해 주었습니다. 이는 메이저리그 전체 신인 프로 선수 1433명 중 꼴찌나 다름없는 1390번째였습니다.

그는 마이너리그에서 눈물을 흘리며 맹훈련을 하였습니다. 포지션도 1루에서 포수로 바꾸었습니다. 남들이 기피하는 포지션이 유리할 것이라는 생각을 했기 때문입니다. 마침내 1993년 메이저리그 선수가 되어 그해 3할 1푼 8리의 타율과 35홈런을 기록 내셔널리그 신인왕에 등극하였습니다. 그리고 그는 1998년 10월 메이저리그 최고액인 9100만 달러(1024억 원)에 7년 간 계약을 하였습니다. 2000년에는 내셔널리그 올스타 투표에서 1위를 차지하였습니다. 그가 바로 LA다저스에서 뉴욕메츠로 이적한 '마크 파아자' 입니다.

'마크 파아자' 의 불굴의 투지와 아버지의 도움이 그를 대 선수로 만들었습니다.

그리스도인은 하나님의 자녀입니다. 하나님 아버지는 수억 대의 부자가 아니라 이 세상과 모든 우주의 주인이십니다. 그분은 우리의 결단을 도우십니다. 그러나 더욱 중요한 것은 인내의 땀을 흘리는 것입니다.

# 돈벼락

"겸손과 여호와를 경외함의 보응은 재물과 영광과 생명이니라."
(잠언 22장 4절)

37세 된 이모씨는 참으로 가난하게 살았습니다. 그는 큰 아이 미술학원 보낼 돈 6만 원이 없었습니다. 회사를 그만둔 후 너무나 괴로워서 혼자 술을 마시며 울었습니다. 퇴사할 때 그가 가진 재산은 4000만 원과 중고차 1대와 전세금이 전부였습니다. 마침 직장을 잃은 옛 동료들이 벤처 회사를 만드느라 자금 지원을 호소하자 마지막 남은 돈 중에서 1000-2000만 원씩을 출자했습니다. 그런데 그 돈이 증식되어 수십억 원대의 거부가 되었습니다. 갑자기 돈이 생기자 여러 가지 변화가 생기기 시작했습니다. 셋집생활을 청산하고 10억 원 정도 되는 집으로 옮겼습니다. 승용차도 외제로 바꾸었고, 골프도 배우기 시작했습니다. 벼락부자가 되고 나니 사람들의 대접이 달라졌습니다. 만나고 싶어하는 사람도 줄을 섰습니다.

가정도 변화가 생기기 시작했습니다. 갑자기 달라진 환경에 정신을 못 차리던 아내가 자신을 의심하기 시작한 것입니다. 술에 만취되어 집에 돌아오면 "어느 여자랑 마셨어요."라며 시비를 걸어 싸움이 잦아졌습니다.

알뜰한 생활로 가정을 꾸려가던 아내는 100만 원이 넘는 옷을 아무렇지 않게 사 입기 시작하고 외출이 잦아졌습니다. 애인이 생긴 것 아닌가 하는 의심을 할 수밖에 없는 일들을 하고 다닙니다. 사업 자금 대주지 않는다고 으르렁대는 동생들과의 사이도 멀어지고 말았습니다. 이씨는 지금 불면증으로 치료를 받고 있다고 합니다.

인생의 행복은 재산을 많이 소유하는 것으로 결정되는 것이 아니라 하나님의 뜻대로 사용할 때부터 시작됩니다. 재물을 지배하지 못하고 재물의 지배를 받을 때 참으로 불쌍하고 추한 삶을 살 수밖에 없습니다.

# 37세의 압축 인생

"이러한 백성은 복이 있나니 여호와를 자기 하나님으로 삼는 백성
은 복이 있도다." (시편 144편 15절)

2000년 4월 14일 미국 중부 위스콘신주 밀워키 시의 한 호
텔 방에서 37세의 남자 시체가 발견되었습니다. 그의 왼손은
빈 위스키 병을 쥐고 있었습니다. 시체를 부검한 결과 그의 간
은 알코올 중독으로 샛노랗게 변해 있었고 췌장에서 출혈이 있
는 것을 발견했습니다. 이는 전형적인 알코올 중독자의 죽음이
었습니다.

그의 신분을 확인한 경찰은 경악하지 않을 수 없었습니다.
그는 컴퓨터 파일을 압축하는 집(Zip)기술을 최초로 개발하여
백만 장자가 된 카츠였기 때문입니다.

어릴 적부터 수학에 천부적인 재능을 보인 그는 23세였던
1986년 획기적으로 파일을 압축하여 전송과 저장을 간편하게
할 수 있는 기술을 개발했습니다. 그는 마이크로 소프트, IBM

같은 회사를 고객으로 확보하여 수백 만 불을 벌어들였습니다.

백만장자가 된 카츠는 방탕한 생활을 시작하였습니다. 술집과 클럽을 전전하며 알코올 중독자가 되어 죽어간 것입니다. 숨질 당시 그의 방에는 온갖 성기구들이 가득 담겨 있었습니다.

20대에 백만 장자가 되어 30대에 파산하고 비참한 모습으로 죽어간 것입니다. 행복은 천재적인 재능과 돈이 아니라 바로 하나님을 만난 자가 얻게 되는 것입니다. "평안과 행복은 우리들의 안에도 밖에도 없다. 그것은 오직 하나님의 속에만 있다. 그리고 하나님은 우리들의 안에도 밖에도 계신다."라고 한 파스칼의 말처럼 세상에서 행복을 찾다가 기진 맥진하여 두 팔을 그리스도 앞에 내놓을 때 진정한 행복을 느끼게 되는 것입니다.

# 변하지 않는 사랑

"높음이나 깊음이나 다른 아무 피조물이라도 우리를 우리 주 그리스도 예수 안에 있는 하나님의 사랑에서 끊을 수 없으리라." (로마서 8장 39절)

해마다 협의 이혼이 늘어가고 있다고 합니다. 연도별 협의 이혼 건수를 보면 1995년 70,888건, 1996년 84,666건, 1997년 94,342건, 1998년 123,555건, 1999년 126,447건이라고 합니다. 협의 이혼을 하게 되면 법원에 나가 판사 앞에서 2분 만에 절차를 마무리하고 "행복해."라는 인사말을 하고 헤어진다고 합니다.

결혼 전의 노력과 사랑을 한순간에 물거품처럼 사라지게 하는 이혼이 오늘날 쉽게 이루어지고 있습니다. 그렇게 사랑한다고 수없이 말했고, 결혼해 주지 않으면 생명까지 버릴 것처럼 오기를 부리던 사람들도 쉽게 이혼하는 시대가 되고 말았습니다.

이 세상의 사랑처럼 믿을 수 없는 것도 없습니다. 그러나 결코 변하지 않는 사랑이 있습니다. 그것은 하나님의 사랑입니다. 하나님은 그의 외아들 예수 그리스도를 아낌없이 이 땅에 보내 주셨습니다. 그리고 세상 사람들의 죄를 대신해 십자가에 못박아 죽으셨습니다. 그리고는 예수 그리스도를 믿기만 하면 아무리 극악 무도한 죄인이라도 하나님의 자녀로 삼아 주십니다. 예수 믿고 하나님의 자녀가 되면 어떤 경우라도 그 사랑은 변함이 없습니다. 그것도 영원히 하나님의 사랑을 받게 됩니다. 당신은 이런 사랑을 받고 있습니까?

# 결산



영화 '홀랜드 오퍼스'는 한 음악 교사의 헌신적인 생애를 그린 영화입니다. 30년 동안 주어진 일에 최선을 다하는 모습은 많은 사람들에게 감동을 주기에 충분했습니다. 그가 가르친 학생들이 용기와 힘을 얻고 훌륭하게 장성한 모습은 교사의 역할이 얼마나 중요한가를 잘 보여 주었습니다. 학교를 떠나는 노교사를 위해 환송 행사를 준비하고, 모여든 제자들과 장성한 제자들의 뜨거운 감사와 위로의 현장은 참으로 감동적인 장면이었습니다.

'커츄드 랭'이라는 여학생은 합주단의 플루트주자였습니다. 아무리 연습을 해도 도무지 가능성을 보이지 않던 이 여학생은 홀랜드 선생의 헌신적인 노력으로 자신감을 갖고 절망을 극복

합니다. 30년 후 '커츄드 랭'은 주지사가 되어 홀랜드 선생이 퇴임하는 자리에서 감동적인 환송사를 합니다.

"홀랜드 선생님은 저와 많은 학생들에게 영향을 주셨습니다. 선생님은 언제나 부와 명성을 안겨 줄 심포니 작곡을 하셨죠. 하지만 선생님은 부자도 아니고 이곳에서만 유명할 뿐입니다. 따라서 실패했다고 생각할 수도 있지만 그건 잘못이죠. 왜냐하면 부와 명성을 초월한 성공을 하셨기 때문입니다. 주위를 보세요. 선생님께 영향을 받은 제자들입니다. 선생님 덕분에 모두 훌륭히 성장했죠. 우리가 선생님의 심포니입니다. 우리가 선생님 작품의 음표이자 음악인 것입니다."

오직 자신만을 위해 살다가 죽는 사람도 많습니다. 그러나 다른 사람과 세상에 좋은 영향을 끼치는 것처럼 보람된 삶은 없을 것입니다. 마지막 시간, 하나님 앞에서의 결산의 차이는 맡겨진 일에 최선을 다한 사람과 다하지 못한 자의 차이일 것입니다.

# 귀향

"저희가 이제는 더 나은 본향을 사모하니 곧 하늘에 있는 것이라 그러므로 하나님이 저희 하나님이라 일컬음 받으심을 부끄러워 아니하시고 저희를 위하여 한 성을 예비하셨느니라." (히브리서 11장 16절)

제2차 세계 대전 때 헝가리 군에서 복무한 안드라스 타마스라는 청년은 러시아 군과의 싸움에서 포로가 되었습니다. 그는 22세의 나이에 코넬니치 포로 수용소에서 생활하기 시작하였습니다. 선생이 끝난 후에 그는 코넬니치에 있는 정신 병원에 수용되었습니다. 그러던 중 한 의사의 노력으로 그의 신원이 밝혀지게 되었습니다. 정신 상태가 불안한 그의 과거에 대해 아무도 관심을 가지지 않았으나 타마스의 잃어버린 시간을 찾아 주기 위해 헝가리의 저명한 정신과 의사인 안드라스 베르가 정신 병원을 방문하여 그의 과거를 확인하게 된 것입니다. 그는 헝가리군 복무 시절에 러시아에 사로잡힌 전쟁 포로로 헝가리의 투로츠센트마르톤이라는 마을에서 태어났으며, 미스콜츠와 니레지하저라는 곳에서도 살았다고 말했습니다. 이제 그는 55년만에 유럽의 마지막 포로로 고향으로 돌아가게 되었습니다. 사람은 누구나 고향을 그리워합니다.

시인은 고향을 노래하고 화가는 고향을 그립니다. 청록파 시인 중에 한 사람인 조지훈은 "고향 산천은 어떠한 이름난 명승지보다 아름다운 곳이다."라고 말했습니다. 고향은 언제나 방랑자를 기다려 줍니다. 그러나 인생이 돌아갈 영원한 고향을 모르는 사람은 가장 불행한 사람입니다. 당신은 하나님이 준비하신 영원한 본향에 돌아갈 준비가 되었습니까?

# 대장 출신의 장로



오래 전 이야기입니다. 서울 어느 큰 교회에서 부흥회가 열
렸습니다. 육군 대장 출신인 K 장로가 미국 여행을 마치고 도
착해서 곧바로 낮 집회에 참석했습니다. 시차 적응을 하지 못
한 K 장로는 졸음이 와서 계속해서 졸고 있었습니다. 부흥사
는 졸고 있는 짓을 보다 못해 망신을 주었습니다. 많은 사람 앞
에서 망신을 당한 K 장로는 정신을 번쩍 차렸고 아무말도 하
지 못한 채 태연히 부흥사의 열변에 귀를 귀울였습니다.

저녁 시간에 담임 목사는 저녁 식사는 K 장로님 댁에서 준비
하였다고 하며 K 장로 댁으로 안내했습니다. 집안으로 들어서
니 장로 부인이 반갑게 맞아 주었습니다. 벽에는 육군 대장 복
장을 한 늠름한 모습의 사람이 있었습니다. 자세히 보니 낮 시
간에 졸다가 자신에게 망신을 당한 사람임을 알고 부흥사는 당

황하였습니다.

그때 담임 목사가 입을 열었습니다. "예, 맞습니다. 낮 시간에 망신을 당한 그분입니다. 우리 교회의 귀한 장로님으로 해외 나갔다가 많이 피곤하셨을 것입니다. 그러나 목사님 염려하지 마십시오. K 장로님은 참 신앙이 좋고 겸손한 분이십니다."

그때 K 장로가 목욕을 하고 산뜻한 복장으로 나와서 "목사님 와주셔서 감사합니다. 미국에서 갓 돌아와 피로가 겹쳐 있었는데 목사님의 주의를 받고 정신이 번쩍 들어 말씀을 잘 듣게 되어 은혜를 많이 받았습니다."라고 말했습니다.

겸손은 성숙한 자의 무기입니다. 겸손한 자가 은혜를 받습니다. 예수님은 겸손으로 온 인류에게 다가오셔서 생명을 주셨습니다. 예수님의 겸손 때문에 오늘 우리는 쉼과 안식을 누리는 것입니다.

# 두 종류의 만남

"모든 눈물을 그 눈에서 씻기시매 다시 사망이 없고 애통하는 것
이나 곡하는 것이나 아픈 것이 다시 있지 아니하리니 처음 것들이
다 지나갔음이러라." (요한계시록 21장 4절)

헤어진 가족과 50년만의 재회는 참으로 감격적인 일이 아닐
수 없습니다.

어떤 분은 며칠 동안이 자기 생애 최고의 날이었다고 말했습
니다. 그러나 어떤 분은 만남의 시간이 오히려 힘들었다고 합
니다. 강화에 사는 김찬하 씨(77세)는 기대를 가시고 만난 딸들
이 가족 이야기 보다 김일성 장군님 이야기만을 해서 다시는
만나고 싶지 않다며 시선을 돌렸다고 합니다.

경기도 안산에 사는 독거 노인 이몽섭 씨(75세)는 1·4 후퇴
당시 고향인 평남 안주군을 떠나 손수레 행상과 고물 수집을
하며 극도의 생활고에 시달리고 있었으나 아내를 위해 시계 등
힘에 부친 선물을 준비하고 아내 김숙자 씨(78세)를 만났습니

다. 28세 때 헤어진 그 아름다운 모습은 간데없고 백발이 성성한 노인으로 청각 장애까지 있어 하고 싶은 말을 한 마디도 못하고 왔다고 합니다. 아내가 아들을 통해 "앉아 있다가 가도 영광입니다."라는 말만 전했고, 딸은 "김정일 국방위원장 사진 앞에 절하고 어서 장군님 품으로 돌아오세요."라고 말했다고 합니다. 그는 북에서 선물로 받은 사탕과 사이다 등을 가지고 아무도 맞아 줄 사람이 없는 빈 집으로 쓸쓸하게 돌아갔습니다.

세상에서의 만남이 기대처럼 감격과 기쁨을 주는 것만은 아닙니다. 실망과 아쉬움만을 줄 때도 있습니다. 이것이 이 세상의 만남입니다. 그러나 또 다른 만남은 예수 그리스도를 통한 영원한 만남입니다.

# 시간과 젊음

"나는 빛으로 세상에 왔나니 무릇 나를 믿는 자로 어두움에 거하
지 않게 하려 함이로라." (요한복음 12장 46절)

이번 휴가 기간 동안 부모님을 모시고 지금까지 살아온 곳들
을 두루 다녔습니다. 저의 부모님은 두분 다 교편을 잡으셨기
에 여러 지역으로 옮겨 다녔습니다. 오랜만에 가 보는 깊은 산
골과 바닷가 그리고 도시 등 추억 속의 장소들은 새로운 느낌
을 주었습니다. 어릴 때 살던 곳이 그대로 보존되어 있는 집도
있었습니다. 제가 다섯 살 때 살던 집은 아직도 옛 모습 그대로
보존되어 있었습니다. 이미 폐허가 된 채로 누군가 닭과 오리
를 키우고 있었습니다. 어릴 때 그곳에서 수탉의 공격을 받아
상처를 입은 기억이 났습니다. 아는 사람은 아무도 없었지만
옛 모습 그대로를 보는 것만으로도 새로운 감회에 빠져들기에
충분하였습니다. 그리고 어릴 때 유아세례를 받았던 시골 교회
도 방문하였습니다. 새롭게 지었으나 50명 정도 들어갈 수 있

는 조그만 예배당이었습니다. 그곳에는 나이 드신 목사님이 계셨습니다. 지나간 시간들에 대해 감사하지 않을 수 없어서 감사헌금을 드렸습니다.

시간은 도무지 잡을 수 없습니다. 언제나 젊음이 내 것이라고 생각하지만 시간은 젊음을 어느 틈엔가 빼앗아 가 버립니다. 시간은 하나님께서 인간에게 주신 선물입니다. 값으로 계산할 수 없는 시간의 가치를 빨리 깨달을 수록 값진 인생을 살 수 있습니다. 이 세상에서의 가치는 시간 속에서의 만남으로 결정됩니다. 이 세상에서 인생을 함께 할 동반자의 만남이 귀하다면 저 세상까지 함께 갈 영원한 동반자와의 만남은 가장 가치 있는 만남일 것입니다.

# 이사

"너희는 마음에 근심하지 말라 하나님을 믿으니 또 나를 믿으라 내 아버지 집에 거할 곳이 많도다 그렇지 않으면 너희에게 일렀으리라 내가 너희를 위하여 처소를 예비하러 가노니" (요한복음 14장 1-2절)

지난번 부모님과 함께 예전에 살았던 지역들을 방문하며 여러 가지 이야기를 들을 수 있었습니다. 44년 동안 교사로서 재직하시다가 교장으로 정년 퇴임을 하셨는데 재직 기간 동안 모신 교장 선생님이 28분이나 된다고 합니다. 그리고 이사는 24번이나 하였습니다. 저도 평택으로 와서 6번 이사를 하였습니다. 어떤 사람은 태어나서 한 곳에서만 살다가 죽는 사람도 있습니다. 그러나 대부분의 사람들은 이곳 저곳으로 옮겨다닙니다. 직장이나 결혼, 자녀 교육을 위해 더 나은 환경을 찾아 옮기는 것입니다.

이 세상의 거처는 영원히 거할 거처가 아닙니다. 잠깐 동안 거쳐가는 기숙사와 같은 곳입니다. 그러나 사람들은 기숙사와 같은 이 세상에 대한 애착이 대단합니다. 인생은 이 세상에서 영원히 살지 못합니다. 단지 나그네로 살 뿐입니다. 우리는 사랑하는 사람들이 이 세상을 훌쩍 떠나가는 것을 보며 이 세상이 나그네라는 사실을 더욱 실감하게 됩니다. 누구나 일개의 나그네에 지나지 않고 지구를 순례하는 순례자에 불과합니다. 그러므로 이 세상에서의 삶을 더욱 진지하게 살아야 합니다.

영원한 처소에 대한 준비를 마치고 사는 사람이 가장 지혜로운 사람입니다. 하나님이 인간에게 준비하신 완벽한 처소는 예수 그리스도를 통해서만 얻을 수 있습니다. 그분은 우리와 영원히 함께 할 분이시며 안내자이십니다.

# 교회

"또 만물을 그 발아래 복종하게 하시고 그를 만물 위에 교회의 머리로 주셨느니라." (에베소서 1장 22절)

교회는 하나님을 위해 존재합니다. 하나님께서는 교회를 통해 하나님의 일을 하실 뿐 아니라 하나님의 이름에 합당한 영광을 받으시길 원합니다. 교회는 존재하는 그 자체로 만족해서는 안됩니다. 이는 내가 예수 믿고 성도가 된 그 자체로 만족해서는 안 된다는 것입니다.

교회를 통해 세상을 변화시키려는 주님의 뜻을 빨리 알아야 합니다. 만약 성도들이 교회내에서 자신의 만족만을 채우기 위해 하나님을 이용한다면 이는 진정한 성도의 모습이라고 말할 수 없습니다. 세상을 향한 하나님의 뜻을 이루기 위해서는 성도들이 먼저 하나님께 진정으로 예배를 드려야 합니다.

또한 교회의 중요성과 권위를 인정해야 합니다. 많은 성도들이 교회의 권위를 인정하지 않고 질서를 무시합니다. 교회의 머리되신 주님은 이 세상과 오는 세상을 통치하실 분으로 만물 위에 계신 분이십니다. 그분이 스스로 머리가 되신 교회의 질서와 권위를 인정하지 않는 교인은 오히려 교회를 파괴하는데 앞장설 수 있습니다. 가정의 파괴는 외부적인 요인보다는 내부적인 요인에서 비롯되듯이 교회도 머리되신 예수님의 지시를 받기보다는 자신의 만족만을 추구하고 욕심과 이해를 따라 움직여지면 그야말로 오합지졸의 모임으로 전락하고 맙니다. 그렇게 될 때 교회는 정상적인 사역을 감당하지 못하고 오히려 세상 사람들로부터 조롱을 받을 수밖에 없습니다.

아직도 교회를 세상의 조직보다 우습게 생각한다면 이는 예수님을 보내 십자가에 못박으시면서까지 교회를 세우신 하나님의 사랑을 짓밟고 하나님을 무시하는 무례함을 범하는 것입니다.

# 수탉

"하나님이 우리를 사랑하시는 사랑을 우리가 알고 믿었노니 하나
님은 사랑이시라 사랑 안에 거하는 자는 하나님 안에 거하고 하나
님도 그 안에 거하시느니라." (요한일서 4장 16절)

제가 다섯 살부터 여덟 살까지 살던 집은 제게 많은 추억을
남겨 준 집입니다. 그 중 하나가 앞 집에서 키우던 커다란 수탉
의 공격을 받은 일입니다. 지금 생각하면 어릴 때 본 그 수탉이
얼마나 크고 사납게 보였는지 모릅니다. 얼굴에 상처가 나자
부모님들이 놀라서 달려나온 기억이 납니다.

수탉의 공격을 받아 상처 입은 얼굴을 보신 아버지는 닭 주
인을 찾아가서 수탉을 사오셨고 그날 그 수탉은 우리 집 식탁
위에 올랐습니다. 살기 어려운 때라 닭 한 마리가 오른 식탁은
잔칫집 분위기였을 것입니다. 아들을 공격한 수탉을 더 이상
내버려 둘 수 없었던 모양입니다. 이것이 아버지의 마음이 아
닌가 하는 생각을 해 봅니다.

앞집은 구멍가게를 하는 집이었습니다. 일 원에 8개 주던 건빵을 사서 아껴 먹었습니다. 건빵 한 개를 단번에 먹기 아까워서 반으로 나누어 먹었습니다. 지난번 휴가 기간 동안 방문한 그 집은 아직도 그대로 있었습니다. 벌써 40년이 지난 그 집은 이미 낡을 대로 낡아서 폐가가 되어 있었습니다. 누군가 그 집에 닭과 오리를 키우고 있었습니다.

지나간 기억 속에는 부모님의 사랑과 희생을 지울 수 없습니다. 부모님보다 더 큰 사랑은 하나님의 사랑입니다. 부모님의 사랑을 느낄 수 있는 자들은 하나님의 사랑도 느낄 수 있습니다. 예수 그리스도를 믿기만 한다면 하나님의 자녀로서의 사랑과 감격을 맛볼 수 있습니다. 하나님의 사랑을 받은 자의 삶은 분명하게 다를 수밖에 없습니다.

# 징기스칸의 무덤

"말씀하시기를 이러므로 사람이 그 부모를 떠나서 아내에게 합하
여 그 둘이 한 몸이 될지니라." (마태복음 19장 5절)

몽골의 영웅 징기스칸의 무덤을 놓고 중국과 몽골이 서로 자
국 영토 안에 있다고 주장하고 있습니다. 중국이 2000년 9월
에 몽골과의 접경 지역인 칭허시에서 징기스칸의 무덤을 발견
했다고 합니다. 이 무덤은 수백 마리의 말과 800여 명의 병사
들이 동원되어 만들어졌으며 이들은 모두 순장된 것으로 보인
다고 합니다. 이에 대해 몽골측은 징기스칸이 전투 중에 숨진
것이 아니라 말에서 떨어져서 부상으로 인해 죽었기 때문에 칭
허에 무덤을 쓸 이유가 없고 기존의 주장대로 몽골의 수도인
올란바토르에서 동북쪽으로 수천 킬로미터 떨어진 켄타산에
있다고 주장하고 있습니다.

징기스칸은 세계를 호령한 영웅입니다. 징기스칸의 모습은
몽골의 정부 건물과 보드카 병에도 그려져 있습니다. 지금 몽

골 정부는 탐사팀을 구성하여 징기스칸의 무덤을 찾고 있다고 합니다. 징기스칸의 무덤 속에는 엄청난 양의 보화가 묻혀 있을 뿐 아니라 발견하면 엄청난 관광 수입을 올릴 수 있기 때문입니다.

세상 영웅들의 무덤을 발견하면 엄청난 물질의 이득을 챙길 수 있을 것입니다. 그러나 예수 그리스도의 죽음은 모든 인류의 죄를 대신 짊어지신 대속의 죽음입니다. 그 죽음은 오늘도 모든 인류에게 자유함과 영생을 주는 인류 최대의 사건입니다.

예수님의 무덤은 없습니다. 예수님께서 부활하셨기 때문입니다. 죽음과 부활 그 자체로 의미가 있기 때문입니다. 눈에 보이는 물질과 비교되지 않는 엄청난 축복이 예수님의 십자가 죽음과 부활 속에 있습니다. 예수님의 죽음은 바로 당신의 죄를 대신한 죽음이었습니다. 오늘 예수님을 당신의 구주로 영접하십시오. 그러면 징기스칸의 무덤을 찾을 수 있는 엄청난 양의 보화와 비교되지 않는 영원한 보화를 소유하게 될 것입니다.

# 토기장이

"토기장이가 진흙 한 덩이로 하나는 귀히 쓸 그릇을, 하나는 천히
쓸 그릇을 만드는 권이 없느냐" (로마서 9장 21절)

토기장이가 질 그릇을 만드는 물레 위에 앉아서 진흙으로 그
릇을 만들고 있었습니다. 그런데 방금 만든 그릇이 찌그러지자
그 진흙으로 자기 마음대로 다른 그릇을 만들었습니다. 어떤
그릇이 만들어지느냐 하는 것은 토기장이의 생각에 달려 있습
니다. 이 내용은 예레미야 18장에 나오는 말씀입니다.

하나님은 온 세상을 통치하시는 통치자이십니다. 온 세계를
마음대로 주관하십니다. 그 누구도 하나님의 주권에 반기를 들
수 없습니다. 사람들은 간혹 모든 우주 만물이 나를 위해 존재
하는 것으로 착각하여 만물의 중앙에 서려고 하는 경향이 있습
니다. 그리고 하나님도 나를 위해서만 존재하시는 분으로 생각
하여 종처럼 여기는 경우가 있습니다. 분명히 알아야 하는 것
은 인간은 하나님의 피조물에 불과하다는 것입니다.

토기장이는 진흙으로 귀한 그릇을 만들 수도 있고 보잘것없는 그릇을 만들 수도 있습니다. 이 일에 대해 누구도 이의를 제기할 수 없습니다. 토기장이의 의도대로 잘 사용되는 것이 중요합니다. 그러므로 인생의 지혜는 주권자인 하나님을 기쁘시게 해 드리는 것입니다. 하나님을 기쁘시게 해 드릴 때 하나님은 우리를 더욱 귀하게 사용하실 것입니다.

자연은 단 한 번도 하나님이 만드신 자연 법칙을 거스리지 않습니다. 하나님의 뜻에 순종하는 것이 가장 멋있게 사는 방법입니다. 토기장이가 마음먹기에 따라 진흙의 운명이 바뀐다는 사실을 우리는 항상 명심해야 할 것입니다. "나는 하나님 손안의 진흙이다. 나는 사랑의 손안에 있는 진흙임을 믿고 하나님을 의지한다." G. C. 몰간의 말입니다.

# 과정의 중요성

"그런즉 선 줄로 생각하는 자는 넘어질까 조심하라." (고린도전서 10장 12절)

평생 소경으로 지내던 사람이 개안 수술을 해서 눈을 뜬다고 보이는 것을 다 아는 것이 아닙니다. 처음에는 희미하게 보이다가 나중에는 확실하게 보게 되고 차츰 그것이 무엇인가를 알게 됩니다. 태어나자마자 대소변을 가리는 어린이는 없습니다. 반드시 배움과 훈련이라는 과정을 통해 절제할 수 있게 됩니다.

사람은 모든 분야에서 과정을 거쳐야 합니다. 오늘날 많은 그리스도인들의 문제는 예수를 믿고 나면 금방 무엇인가가 될 것이라고 기대하는 것입니다. 신앙은 과정 속에서 성장합니다. 지금 현재를 과정이라고 생각하지 않고 미리 결론을 내린다면 더 이상의 성장을 기대할 수 없습니다. 이것은 자신의 담을 쌓는 것입니다. 높은 담 때문에 담 안쪽만 보게 됩니다. 그리고 담 바깥을 볼 수가 없습니다.

　저도 처음 알았던 것과 발견했던 것들이 바로 최종적인 지식이라고 생각했던 적이 있었습니다. 그러나 시간이 지나면서 느낀 것은 미리 결론을 내려서는 안 된다는 것이었습니다. 결론을 내리면 더 이상 배울 필요가 없습니다. 충분한 과정을 통해 성숙한 자는 자신이 가진 것을 포기할 줄도 알고, 지혜롭게 사용할 줄도 압니다. 하나님의 뜻 속에서 자유함을 누립니다. 과정임을 인정하는 자는 지속적으로 배움의 자세를 가질 수 있습니다. 그리고 영적인 지도자들의 가르침에 귀를 기울이게 됩니다. 그렇지 않으면 미리 내린 결론 때문에 모든 것이 엉망이 되고 말 것입니다.

# 꿈(Vision)

"나 여호와가 말하노라 너희를 향한 나의 생각은 내가 아나니 재앙이 아니라 곧 평안이요 너희 장래에 소망을 주려 하는 생각이라." (예레미야 29장 11절)

1998년 한 청년이 직업 없이 아르바이트 생활을 하다가 강도짓을 하여 철창 신세를 지게 되었습니다. 그는 인생의 모든 것이 끝났다고 생각하고 자포자기한 상태로 하루 하루를 보냈습니다. 그러던 어느 날 성경을 읽으며 열심히 살아가는 한 사형수를 보며 자신도 무엇인가 힐 수 있다는 생각을 했습니다.

그때 마침 교도소에 외국어 교육반이 생겼고 선발된 50명과 함께 매일 7시간씩 수업을 받으며 영어 공부에 전념했습니다.

의정부교도소의 5평 남짓한 외국어 교육반 수용실에서 새벽까지 씨름하기를 1년 만에 전국 재소자 대상 영어 능력 평가 시험(TEPS)에서 881점(990점 만점)을 받아 1등을 하게 되었습니다. 2000년 서울대생 신입생 평균 점수가 595점이니 그의 성적은 기대 이상의 실력을 보여 준 것입니다. 이 청년의 이름은 황용필입니다.

그는 6년형을 언도 받았습니다. 한때 인생을 포기하려고 했지만 이제는 꿈을 가지고 삽니다. 출소하면 해외 선교사가 되어 어려운 처지에 있는 외국인들을 돕고 싶다고 합니다.

사람이 하나님을 만나면 새로운 삶을 살게 됩니다. 예수 그리스도를 통해 하나님을 만나십시오. 그러면 꿈을 가지게 될 것입니다. 하나님을 만난 사람의 꿈은 허상이 아니라 실상으로 다가옵니다.

당신도 하나님이 주시는 소망을 통해 꿈을 설계하고 그 꿈을 이룰 수 있다는 확신이 필요합니다.

# 죽음의 형태

"대저 생명의 원천이 주께 있사오니 주의 광명 중에 우리가 광명을 보리이다." (시편 36편 9절)

사람들은 본능적으로 죽음을 두려워합니다. 가능하면 죽음을 늦추기 위해서 온갖 방법을 사용합니다. 보약을 먹는다든지 아니면 운동을 통해 건강을 유지하기 위해 애를 씁니다. 특히 생명에 대한 집착 때문에 식용으로 사용되지 않는 짐승들까지 잡아먹습니다. 그러나 생명에 대한 집착이 아무리 강해도 죽음을 피할 수는 없습니다.

우리 나라 사람들은 뇌출혈, 뇌졸중, 뇌경색 사망자 수 10만 명당 72.9명이 뇌혈관 질환으로 사망했다고 합니다. 그 다음으로는 심장질환 39.1명, 교통사고 26.3명, 위암 24명, 간질환 23.5명, 폐암 14.4명 순이었습니다. 특히 죽음을 예견할 수 없는 교통사고로 인한 사망은 포르투갈 다음으로 세계에서 2위에 해당하는데 10만 명당 남자 38.4명, 여자 14명이나 된다고 합니다.

　다른 준비보다 가장 시급한 것이 죽음의 준비입니다. 이 세상에서 가장 멋있게 산 사람은 높은 세상의 지위를 얻은 사람이 아닙니다. 명예나 지식 그리고 물질의 부요함을 누린 사람도 아닙니다. 이런 것들은 자신의 죽음 이후에 아무런 영향을 끼치지 못하기 때문입니다. 하나님이 준비하신 죽음 이후의 처소인 천국은 예수 그리스도를 믿고 죄 용서 받은 자에게만 주어지는 하나님의 선물입니다. 당신은 당신의 죽음을 준비하셨습니까?

# 흉터

"… 나의 보는 것은 사람과 같지 아니하니 사람은 외모를 보거니
와 나 여호와는 중심을 보느니라." (사무엘상 16장 7절)

말콤이라는 청년이 어떤 여자와 함께 캐나다의 콜롬비아 북
쪽 지역에 있는 숲속을 거닐며 사업 구상을 하고 있었습니다.
그런데 그들은 갑자기 곰의 공격을 받게 되었습니다. 곰이 여
자를 움켜잡았습니다. 말콤은 160센티미터 밖에 되지 않는 작
은 체구였지만 용기를 내서 곰에게 덤벼들어 곰으로부터 여자
를 떼내는데 성공했습니다. 그러나 곰이 말콤을 덮쳐 몸의 뼈
를 모두 짓눌러 놓았습니다. 그리고 날카로운 발톱으로 얼굴을
이리저리 후려친 후 물러갔습니다. 다행히 말콤은 기적적으로
목숨을 건졌습니다.

그는 8년 동안에 걸쳐 봉합 수술을 받았고 현대의학에서 동
원할 수 있는 모든 성형수술을 받았습니다. 그러나 얼굴은 여
전히 끔찍한 모습이었습니다. 얼굴 사방은 꿰맨 자국들 투성이

었습니다. 한 쪽 눈꺼풀도 내려앉았으며 입술도 4분의 3이 꿰매어져 있었습니다.

그는 자신의 모습을 보며 옥상에서 자살하려는 순간 아버지가 나타나 이렇게 말했습니다. "모든 인간은 마음 속 어디엔가 흉터를 갖고 있단다. 우리들 대부분이 그것을 미소와 화장품과 옷으로 감추고 있을 뿐이야. 넌 단지 바깥에 흉터를 가지고 있을 뿐이야. 우리 모두는 다 똑같아."

그 날 이후 그는 사회에 나가 보험 세일즈를 시작했고 1978년에 벤쿠버에서 첫 손가락에 꼽히는 보험 판매 사원이 되었습니다. 그는 명함에 이런 글을 인쇄하였습니다. "저는 겉모습은 흉하게 생겼지만 내면은 아름답습니다. 당신이 내게 관심을 가지면 금방 알게 될 것입니다."

정상인처럼 보이지만 불구자로 사는 사람이 많습니다. 진정으로 건강한 사람은 외모가 아니라 마음이 건강한 사람입니다. 하나님은 외모보다 마음이 건강한 사람과 함께 하십니다.

# 말로서 표현할 수 없는 곳

"이같이 하면 우리 주 곧 구주 예수 그리스도의 영원한 나라에 들어감을 넉넉히 너희에게 주시리라." (베드로후서 1장 11절)

어떤 사람이 미국의 뉴멕시코주에 있는 칼스베드 동굴을 처음 방문하였습니다. 그는 아내와 함께 동행했습니다. 아내는 전에 이 동굴을 다녀간 적이 있었습니다. 남편은 동굴 가운데 보이는 너무나 아름다운 광경을 보며 감탄하였습니다. 감탄을 여발하며 동굴로 들어갔습니다. 깊이 들어갈수록 더욱 아름다운 광경이 펼쳐졌습니다. 동굴 내에 왕궁이라는 이름이 붙여진 곳에 도착했을 때는 입을 다물 수가 없었습니다.

남편은 아내에게 "당신은 왜 이렇게 아름다운 광경에 대해 말해 주지 않았소?"라고 말하자 아내는 "나는 도저히 이 아름다움을 말로서 표현할 수 없었어요."라고 말했습니다.

말로서 표현할 수 없는 곳이 있습니다. 그곳은 바로 천국입니다. 천국은 인간의 표현력으로는 서술하기에 너무나 부족한 곳입니다. 세상을 창조하시고 천국을 인간에게 준비하신 하나님께서 직접 인간들에게 들려 주신 천국에 대한 내용이 궁금하지 않습니까? 하나님이 준비하신 천국은 믿음의 눈을 통해서만 볼 수 있습니다. 당신이 진정으로 예수님을 믿는다면 천국을 소유할 수 있습니다.

D. Sanders라는 분은 "천국에서의 즐거움은 행복한 것이며 지옥에서의 괴로움은 행복했던 것이다."라고 말했습니다.

# 갈등과 희생

"울며 씨를 뿌리러 나가는 자는 정녕 기쁨으로 그 단을 가
지고 돌아오리로다." (시편 126편 6절)

신앙 때문에 갈등한 적이 있습니까? 하나님 중심의 신앙생
활을 하기 위해 갈등한 사람들이 있었습니다. 그들은 청교도들
입니다. 형식주의적인 신앙생활에 젖은 국교도 사이에서 신앙
의 갈등을 겪고 있던 청교도들은 올바른 신앙생활을 하기 위해
네덜란드로 긴너갔습니다. 그곳에서도 그들은 신앙을 지킬 수
가 없었습니다. 그들은 하나님 말씀대로 살고 싶었습니다. 그
들은 신대륙으로 건너가기로 결정하고 7년 동안 힘들여 일해
서 배를 샀습니다. 스피드엘이라는 이름을 가진 배였습니다.
그러나 그 배는 장기간 항해하기에 적합하지 않았기에 다시 다
른 배를 구입했습니다. 그 배가 메이플라워호였습니다. 그들은
그 배를 타고 65일 동안 대서양을 횡단하여 비로소 프리머스
항에 도착하였습니다.

신앙의 자유를 위해 그들은 엄청난 희생을 감수한 것입니다. 오늘날 많은 사람들이 자기 중심의 신앙생활을 주장하기 때문에 갈등합니다. 그러나 그것은 가치 있는 갈등이 아닙니다. 말씀대로 살기 위한 갈등이라면 그 갈등은 가치가 있습니다. 희생하지 않고 자신의 욕심을 채우기를 원한다면 끊임없는 갈등으로 결국 좌초할 수밖에 없습니다. 그러나 하나님의 말씀대로 살아간다면 하나님이 주시는 자유와 기쁨과 평안을 누리며 살게 됩니다. 희생 없이 가치만을 추구하는 자는 갈등의 굴레에서 벗어날 수 없습니다. 진정한 가치는 희생과 함께 열매맺게 됩니다.

# 비운의 공룡 '삐삐'

"우리의 모든 날이 주의 분노 중에 지나가며 우리의 평생이 일식
간에 다하였나이다." (시편 90편 9절)

2천 년에 무선 호출기 삐삐를 가지고 다니는 사람들은 100
만 명 정도라고 합니다. 그러나 실제로 사용하는 사람은 50만
명도 안 된다고 합니다. 삐삐 사용자는 1992년에 145만 명에
서 1995년에는 1000만 명에 이르렀고, 1997년에는 1500만 명
으로 정점에 도달했습니다.

사업자들은 수익금이 수백 억에 이르자 입을 다불지 못하고
축배를 터뜨리며 새로운 사업 구상을 하기 시작했습니다. 그러
나 휴대 전화가 등장하면서 2-3년 사이에 1400만 명이 삐삐
를 외면하고 말았습니다.

무선 호출기 업자들은 송신 기능만 있는 시티폰으로 휴대 전
화와 대결하려고 했으나 휴대 전화 회사들이 공짜로 휴대 전화
를 공급하는 바람에 1999년부터는 한 해 수십 억의 적자를 보

며 몰락하고 말았습니다.

이 세상의 것 중에서 영원히 존재하는 것은 없습니다. 잠깐 동안 영화를 누릴 뿐입니다. 이 세상의 영화가 영원히 오래 갈 것이라고 생각하며 다음 세상을 준비하지 못하면 그 결과는 참으로 비참할 수밖에 없습니다. 하나님은 인간에게 이 세상을 사는 동안 죽음 이후에 대해 준비할 방법을 가르쳐 주셨습니다.

그러나 이 세상의 많은 사람들은 이 세상 재미에 눈이 어두워 거들떠보지도 않는 자가 많습니다. 자신의 죽음 이후를 스스로 준비할 수 있는 사람은 아무도 없습니다. 이 불가사의한 문제는 오직 예수님을 만날 때 해결받을 수 있습니다.

# 실베스타 스탤론

"우리가 선을 행하되 낙심하지 말지니 피곤하지 아니하면 때가 이
르매 거두리라." (갈라디아서 6장 9절)

　실베스타 스탤론의 어린 시절은 불우했습니다. 드렉셀대학
에서 엘리베이터 수리공이 적격이라는 판정을 받았습니다. 아
버지까지 머리가 나쁜 쓸모 없는 놈 취급을 하였습니다. 그는
배우가 됐지만 실패의 연속이었습니다. 그러나 그는 끊임없이
배우기 위한 노력을 계속했습니다.

　어느 날 밤 무하마드 알리와 척 웨프너의 권투 경기를 보던
중에 관중들의 함성과 승자와 패자의 엇갈리는 명암을 보며 큰
감동을 받고 대본을 쓰기 시작했습니다. 불과 3일만에 쓴 그
대본이 '로키' 였습니다. 제작자들을 찾아가 자신에게 주연을
맡기는 조건으로 대본을 팔겠다고 했지만 대부분의 제작자들
로부터 거절을 당했습니다. 그러나 결국 그 영화는 상영되었고
1억 달러 이상의 수입을 올렸습니다. 그는 할리우드 최고의 배

우가 되었습니다.

"만일 내가 초기에 배우로서 성공했다면 난 글을 쓰겠다는 생각을 하지 않았을 것입니다. 난 차츰 배역보다 글쓰기에 더 흥미를 가졌습니다. 성공이란 실패를 어떻게 다루는가에 달려 있습니다." 스탤론이 이후에 한 고백입니다.

절망과 좌절을 극복하지 않고는 결코 어떤 일도 이룰 수 없습니다. 미래에 대한 소망을 가지고 사는 그리스도인들에게 더욱 필요한 것은 바로 확신입니다.

# 임마누엘

"보라 처녀가 잉태하여 아들을 낳을 것이요 그 이름은 임마누엘이
라 하리라 하셨으니 이를 번역한즉 하나님이 우리와 함께 계시다
함이라." (마태복음 1장 23절)

세계적인 동화 작가인 안데르센이 청년 시절에 유명한 스웨
덴의 여류 소설가인 브레멘을 만나기 위해 여객선을 탔습니다.
그는 선장에게 자신의 여행 목적과 브레멘 여사를 만나러 간다
는 사실을 말했습니다. 그러자 선장은 브레멘 여사는 외국 여
행을 떠나서 목적지에 도착한다고 해도 만날 수 없을 것이라고
말했습니다. 이 말을 들은 안데르센은 실망할 수밖에 없었습니
다. 가난한 청년에게 배삯과 시간적인 손실이 너무 컸기 때문
이었습니다. 그런데 얼마 후 선장이 헐레벌떡 달려와서 기적
같은 일이 생겼다고 했습니다. 지금 이 배에 외국 여행을 갔던
브레멘 여사가 타고 있다는 것이었습니다. 안데르센은 그것도
모르고 함께 배를 타고도 실망하였던 것입니다.

　이처럼 예수님을 믿고도 주님의 함께 계심을 전혀 깨닫지 못
하고 신앙생활을 하는 사람들이 있습니다. 이런 경우에는 기쁨
과 평안 그리고 확신 속에 신앙생활을 하기 보다는 무겁고 어
두운 분위기에서 벗어날 수가 없습니다. 예수님은 우리와 함께
하시는 임마누엘의 주님이심을 알아야 합니다. 영원한 동행자
이신 주님은 오늘도 당신과 함께 하심을 믿습니까?

# 신호등

"주께 피하는 자를 그 일어나 치는 자에게서 오른손으로 구원하시는 주여 주의 기이한 인자를 나타내소서 나를 눈동자 같이 지키시고 주의 날개 그늘 아래 감추사 나를 압제하는 악인과 나를 에워싼 극한 원수에게서 벗어나게 하소서." (시편 17편 7-9절)

차를 타고 달리다 보면 속도를 내야 할 곳이 있고 천천히 가야 할 곳이 있습니다. 그리고 신호등이 있는 곳에서는 신호에 따라야 합니다. 그러나 전혀 예상하지 못하는 위험이 기다리고 있는 경우가 있습니다. 미리 알면 대책을 세울 수 있지만 도무지 알 수 없는 것이 우리가 달려가는 길인 것입니다. 알 수 없는 미래를 가장 멋있게 살 수 있는 방법이 무엇인지 알 수만 있다면 그 방법을 자신의 것으로 취하려고 할 것입니다. 『일하는 제자들』이란 잡지에 실린 글을 소개합니다.

강원도 철원의 모 전방 부대 GOP에서 근무하는 한 병사가 첫 휴가를 나와서 다니던 교회 청년 모임에 참석해서 간증을 하였습니다. 한 번은 근무 교대를 마치고 초소를 나오려고 하는데 갑자기 하늘이 시커멓게 변하더니 장대비가 쏟아지기 시작했습니다. 하는 수 없이 15분 정도 더 머물다가 빗줄기가 진정되자 내무반을 향해 비탈길을 내려오다 보니 철책 주변에 설치한 크레모아(지뢰)가 터져서 아수라장이 되어 있었습니다. 그것을 보는 순간 가슴이 철렁 내려 앉았습니다. 만약 비가 안 왔다면 그가 초소에서 나와서 크레모아가 있던 자리까지 걸었을 시간과 크레모아가 폭발한 시간이 일치했을 것이기 때문입니다. 모든 것이 하나님의 은혜라고 고백하는 이 형제의 눈에는 눈물이 가득 고였습니다. 이 간증을 듣던 청년들은 더욱 놀라며 감격해 했습니다. 그것은 그 날 저녁 청년들이 모여서 군대간 그 형제의 이름을 부르며 기도하던 시간이었기 때문입니다. 기도하는 사람과 중보 기도의 후원을 받는 사람은 보이지 않는 길을 향해 달려 갈 때 하나님께서 직접 세우시고 방향을 제시하는 신호등이 되어 주시기에 그 보다 안전한 길은 없습니다.

# 길

"예수께서 가라사대 내가 곧 길이요 진리요 생명이니 나로 말미암
지 않고는 아버지께로 올 자가 없느니라." (요한복음 14장 6절)

10월 10일부터 12일까지 일본 목회자들을 훈련하며 출판 사
역을 하고 있는 가와사키 선교 센터를 방문하였습니다. 일본의
기독교인은 50만 명 정도 밖에 되지 않습니다. 어떻게 하면 일
본을 복음화 시킬 것인가 하는 것이 일본 교회의 숙제입니다.
우리 교회에서 하고 있는 제자 훈련과 전도 프로그램이 일본에
도 뿌리내릴 수 있도록 가와사키 선교 센터로부터 도움을 요청
받았습니다.

섬길 수 있는 기회도 하나님께서 허락해 주시지 않으면 섬길
수 없습니다. 이미 150년 전에 일본에 복음이 전파되었지만 그
들은 여전히 수백만의 신을 섬기고 있습니다. 가정마다 조상신
을 모시고 있습니다. 그리고 많은 기독교 학교가 있지만 여전
히 하나님에 대해 불신하고 있습니다. 예수님 역시 많은 신 중

에 하나라고 생각하고 있는 것입니다.

　세상에서의 길은 많지만 하나님으로부터 구원받을 수 있는 길은 하나밖에 없다는 사실을 아직도 믿지 못하고 있는 것입니다. 비행기로 서울에 도착하여 영등포역에서 기차를 타기까지 전철을 두 번 갈아타야만 했습니다. 순간의 실수로 다른 방향으로 갈 수 있다는 생각으로 몇 사람에게 길을 물어 보았습니다. 길을 잘못 들어서 시간을 허비하고 가던 길을 되돌아가기도 하였습니다. 분명한 길을 찾기까지는 헤매고 다닐 수밖에 없습니다.

# 밤거리 문화

"여호와 하나님이 가라사대 사람의 독처하는 것이 좋지 못하니 내가 그를 위하여 돕는 배필을 지으리라 하시니라." (창세기 2장 18절)

몇 년 전 선교 대회 참석차 유럽을 다녀온 적이 있습니다. 특이한 것은 밤거리가 너무 한산하였습니다. 5-6시 정도만 되면 대부분의 상가가 문을 닫고 퇴근과 함께 집으로 귀가합니다. 가까운 일본 동경의 긴자거리 역시 밤에는 한산하다고 합니다. 그런데 한국의 대노시나 중소도시의 번회가 밤거리는 사람들의 물결로 넘치는 것을 볼 수 있습니다.

우리 나라 직장인들은 퇴근 후에 회식이 많습니다. 몇 년 전에 H생명보험회사에서 조사한 것을 보면 서울의 직장인들은 보통 1주일에 한두 번씩 술을 마시는 것으로 되어 있습니다. 그리고 개인당 1회에 3만 원 정도의 술값이 지출되고 조사 대상의 74%가 2차에서 3차까지 간다고 합니다. 1차의 식사나 반주로 끝내는 경우는 드물어 26%에 불과하다고 합니다.

음주로 인한 후유증은 건강의 손상과 샐러리맨들의 경제 파탄 그리고 가정 불화 등으로 나타난다고 합니다. 직장인들끼리의 인화도 중요합니다. 그러나 그 무엇보다 우선되어 져야 하는 것은 가정의 중요성입니다. 가족을 위해 일한다고 하면서 가족을 생각하지 않는 행동을 하는 때가 참으로 많다는 사실입니다.

올 연말에는 사랑하는 가족들과 함께 하는 시간을 만들어 한 해를 되돌아보며 새로운 시간들을 설계하는 시간을 가지면 어떨까요?

# Dance in the dark

"여호와께서 말씀하시되 오라 우리가 서로 변론하자 너희 죄가 주
홍 같을지라도 눈과 같이 희어질 것이요 진홍 같이 붉을지라도 양
털 같이 되리라." (이사야 1장 18절)

'Dance in the dark' 라는 영화는 칸느 영화제 그랑프리 수
상작입니다. 주인공 셀마는 가난을 극복하기 위해 체코에서 미
국으로 이민 와서 공장 노동자 생활을 합니다. 이 여자에게는
아들이 하나 있습니다. 이 여자의 꿈은 뮤지컬 배우였습니다.
그러나 안타깝게두 시력을 잃어가고 있었습니다. 그는 시력을
회복하기 위해 열심히 돈을 모읍니다. 2,026달러의 돈을 모았
지만 사랑하는 아들 역시 시력을 잃어 가는 병에 걸리게 됩니
다.

그런데 이웃에 사는 경관 빌이 셀마의 돈을 훔칩니다. 이 사
실을 알게 된 셀마는 빌에게 돈을 되돌려 받으려고 합니다. 이
과정에서 빌이 셀마에게 총을 겨누고 총부림이 일어납니다. 이

사건으로 셀마는 살인 누명을 쓰고 재판에서 사형을 언도 받고 사형 집행을 기다립니다.

셀마의 남자 친구 제프의 헌신적인 노력으로 살인 누명을 벗을 수 있는 기회를 얻지만 사랑하는 아들의 시력을 회복시켜 주기 위해 스스로 죽음을 택합니다.

예수 그리스도는 이 땅에 모든 사람들을 구원하기 위한 꿈을 가지고 오셨고, 억울한 누명을 쓰고 자신의 몸을 십자가에 못 박히도록 내어 주심으로 죄인들에게 새 생명을 주셨습니다.

예수 그리스도 그분은 오늘도 죄에서 방황하는 사람들을 초청하고 계십니다.

# 조디와 메리

"주께서 내 장부를 지으시며 나의 모태에서 나를 조직하셨나이다
내가 주께 감사하옴은 나를 지으심이 신묘막측하심이라 주의 행사
가 기이함을 내 영혼이 잘 아나이다." (시편 139편 13-14절)

2000년 8월 8일 쌍둥이로 태어난 영국의 조디와 메리는 몸
이 붙어 있는 상태로 세상에 태어났습니다. 조디는 허파와 심
장을 가졌지만 메리는 조디의 심장과 허파를 이용해서 생명을
연장하고 있었습니다. 의사들은 아이들을 분리하지 않으면 석
달 안에 둘 다 죽게 될 것이라며 분리 수술을 요구했습니다. 그
러나 부모들은 반대했고, 법원에서 두 아이의 분리를 판결했습
니다.

2000년 11월 7일 20시간의 마라톤 수술 끝에 분리에 성공했
습니다. 그러나 조디의 심장을 빌어 생명을 유지하던 메리는
혈액 공급이 차단되어 숨지고 말았습니다.

사람에게 생명은 참으로 귀합니다. 인간이 생명을 위해 할 수 있는 일은 너무나 미약합니다. 태어날 때부터 건강한 아이가 있는가 하면, 불구로 태어나 평생 고통을 당하는 경우도 있습니다. 생명의 신비는 오묘합니다.

다윗은 이미 태에 있을 때 하나님께서 자신의 오장육부를 만들어 주셨다고 고백하면서 주님이 하신 일이 하도 신기하고 오묘해서 하나님을 찬양하지 않을 수 없다고 고백하고 있습니다. 단지 건강하게 태어나고, 정상적인 삶을 살 수 있다는 것 하나만 가지고도 감사해야 합니다. 신체적인 조건을 이용해서 명예와 부를 얻었다면 그 역시 하나님께서 주신 선물임을 기억해야 할 것입니다.

# 이 세상의 가슴아픈 이야기

"모든 눈물을 그 눈에서 씻기시매 다시 사망이 없고 애통하는 것
이나 곡하는 것이나 아픈 것이 다시 있지 아니하리니 처음 것들이
다 지나갔음이러라." (요한계시록 21장 4절)

"제 병은 직장암입니다. 이제는 폐와 골반 그리고 알 수 없는
곳까지 퍼졌다는군요. 벌써 1년 8개월째입니다. … 아침에 희
망을 가졌다가도 밤이 되면 몸의 진이 빠져 버립니다.

회사생활하기, 어린 아들 친구 되어 주기, 마누라의 투정까
지 받아주는 남편은 정말 로버트 태권 V입니다. 내가 먼저 죽
으면 화장한 뒤 빨리 잊어 달라는 말에 화장은 하겠지만 절대
로 너를 잊을 수 없다고 단호하게 대답하는 늠름한 남편 때문
에 저는 오늘 하루도 참아냅니다.

아이의 몸 구석 구석을 만져보고 쓰다듬고 안아보았습니다.
내 아이만의 살 냄새, 왜 그리도 좋던지 눈물이 날 뻔했습니다.
아이는 유치원 가고 올 때 엄마를 찾으며 소리칩니다. 이럴 때

내가 없어 대답할 수 없으면 어떡하나 싶어 마음이 아픕니다.

고통에 몸부림치다가도 문득 어떤 장소가 떠오릅니다. 대부분 과거의 거리들입니다. 대학의 지하 도서실 출입구, 학교 앞 중국집, 미국에서 살 때 베이컨이 맛있던 빵집 동네.

여러분도 힘들고 따분하시면 과거의 어떤 곳을 떠올려 보세요.”

이 글은 33세의 남편과 5세의 아들을 둔 김현경 씨가 암투병 과정을 일기 형식으로 써서 인터넷 사이트에 올린 글입니다. 2000년 11월 1일 그는 마지막 글을 올렸습니다.

“통증에 울며 지새는 나날입니다. 암을 이겨낸 사람으로서 여러분 앞에 설 때까지 건강하시고 꼭 사랑하세요.”

이 세상은 안타깝고 가슴아픈 사연으로 가득 차 있습니다. 그러나 죽음 이후에 준비된 새로운 처소는 희망과 사랑이 넘치는 곳으로 그곳에는 아픔과 고통 그리고 눈물이 없습니다. 그곳은 예수 그리스도를 믿으므로 가는 영원한 처소입니다.

# 가치

"나를 보내신 이가 나와 함께 하시도다 내가 항상 그의 기뻐하시는 일을 행하므로 나를 혼자 두지 아니하셨느니라." (요한복음 8장 29절)

일상생활에서 값싼 물건을 표현할 때 '개값'이라고 말합니다. 그러나 국내에 들어와 있는 개들 중에는 2-3억 원을 호가하는 '금값'의 개가 있는가 하면 보통 10만 원에서 500만 원 정도로 다양하다고 합니다.

국내에서 가장 비싼 개는 국내 굴지의 모 재벌 회장의 독일산 세퍼트로 2-3억 가량된다고 합니다. 세퍼트 다음으로 비싼 개는 로트바일러로 1억에서 1억 5천만 원 정도 된다고 합니다.

한국의 토종개의 몸값도 만만치 않다고 합니다. 한국을 대표하는 개라고 할 수 있는 진돗개는 천연기념물 53호로 전남 진도가 주산지이며 특유의 귀소 본능과 훈련에 따른 충성심, 민첩성 등으로 사랑을 받고 있습니다. 진돗개의 가격도 500만

원에서 7000만 원으로 다양하다고 합니다. 7000만 원으로 평가되는 진돗개는 애견가 배모씨가 소유하고 있으며 이름이 노랑이로 여섯 살이라고 합니다. 이 개는 장바구니 심부름을 하며, 한글을 해독할 수 있을 정도로 뛰어난 개라고 합니다.

또한 함경남도 풍산군이 원산지로 천연기념물 368호로 지정된 풍산개 중 훈련이 잘 된 개는 2500-3000만 원선이라고 합니다.

좋은 개는 품종이 좋아야 하며 사람의 마음에 쏙 드는 행동을 할 수 있어야 그 가치를 인정받습니다.

그렇다면 인생의 가치를 하나님께서 평가하신다면 어떤 평가 기준을 가질까요? 하나님은 사람의 출신과 배경은 평가하지 않습니다. 오히려 하나님의 마음을 기쁘시게 해 드리는 자가 그 가치를 인정받게 됩니다.

하나님께서는 당신의 가치를 어떻게 평가하실까요?

# 응답



"그러므로 내가 너희에게 말하노니 무엇이든지 기도하고 구하는 것은 받은 줄로 믿으라 그리하면 너희에게 그대로 되리라." (마가 복음 11장 24절)

알래스카에 사는 스티브라는 청년이 교회에 나가서 목사의 설교를 들었습니다. 목사의 설교는 마태복음 17장 20절 말씀으로 겨자씨 만한 믿음이 있으면 산을 옮길 수 있다는 내용이었습니다.

스티브의 뒷산은 겨울이면 눈사태로 골치를 앓고 있었습니다. 그 설교를 들은 스티브는 그 문제의 해결 방법을 알게 되었습니다. 자신이 이 문제를 위해 기도해야 되겠다고 생각하고 자기 집 뒷산을 옮겨 달라고 기도하기 시작했습니다. 목사는 그 소식을 듣고 은근히 걱정이 되었습니다. 지금가지 산을 옮긴 예를 들어 보지 못했기 때문입니다. 만약 응답 받지 못하면 그 청년이 낙심할 것이라는 생각 때문에 목사는 하나님께 뒷처리를 잘 해달라고 기도하는 수밖에 없었습니다.

스티브는 10일, 20일, 30일이 가도 기도를 멈추지 않았습니다. 스티브를 볼 때마다 목사는 걱정이 되었습니다.

40일이 되던 날 스티브가 싱글벙글 웃는 모습으로 목양실로 들어왔습니다. 그리고는 "목사님! 20세기에는 산을 번쩍 들어 옮기시는 것이 아니라 기계로 옮기시더군요."라고 말하는 것이었습니다. 새로 만드는 고속도로 공사를 위해 흙을 날라서 산이 거의 없어졌다는 것입니다.

하나님은 믿음을 보고 일하십니다. 하나님의 말씀을 믿고 그대로 행하는 자에게는 약속대로 반드시 이루어 주십니다.

# 듣는 귀

"듣는 귀와 보는 눈은 다 여호와의 지으신 것이니라." (잠언20장
12절)

어떤 청년이 입사 후 액자를 달고 있는데 경상도 출신의 선배가 조금 떨어져서 지시를 해 주었습니다. "우로 달아라." 그 말을 들은 청년은 위치를 오른 쪽으로 옮겼습니다. 그러자 선배는 큰 소리로 "우우로 가라카이."라고 말했습니다. 그러자 이 청년은 "예, 알겠습니다."라고 말하고 다시 오른쪽으로 위치를 옮기자 "아이, 말귀를 모 알아 듣나. 우우로 가라 말이다."라고 말하며 다가와서는 알밤을 주고 액자를 위쪽으로 옮겼다고 합니다. 그 선배는 위로 가라는 말을 "우우로 가라."고 외쳤던 것입니다.

말귀를 알아듣지 못해서 황당한 일을 당하는 경우가 자주 있습니다. 이 세상의 많은 사람들은 분명하게 전해 주시는 하나님의 말씀을 알아듣지 못해 자기 생각대로 해석하는 경우가 많습니다. 하나님의 명령은 모호하지 않습니다. 사투리로 혼동을 일으키도록 하시지도 않습니다. 분명하게 말씀해 주십니다. 지능이 낮은 사람도 알아들을 수 있도록 분명하게 말씀하시는 것입니다.

선배의 말을 알아듣지 못하면 알밤이 있지만 하나님의 말씀을 알아듣지 못하면 하나님의 진노를 사게 됩니다.

하나님의 말씀을 듣고 행하기 위해 얼마나 노력하십니까?

# 새 힘

"피곤한 자에게는 능력을 주시며 무능한 자에게는 힘을 더하시나
니 소년이라도 피곤하며 곤비하며 장정이라도 넘어지며 자빠지되
오직 여호와를 앙망하는 자는 새 힘을 얻으리니 독수리의 날개치
며 올라감 같을 것이요 달음박질하여도 곤비치 아니하겠고 걸어가
도 피곤치 아니하리로다." (이사야 40장 29-31절)

어떤 팔순 노인이 길을 가고 있었습니다. 걷는 것이 힘들어
조금 가다가 쉬고, 조금 가다가 쉬었습니다. 특히 오르막을 올
라갈 때는 숨이 차서 더욱 자주 쉬었습니다. 그는 쉴 때마다 고
개를 숙이고 하나님께 기도를 드렸습니다.

"하나님 여기까지 무사히 올 수 있도록 해 주셔서 감사를 드
립니다. 앞으로 가야 할 길도 인도해 주십시오."

이 노인에게는 한 걸음 한 걸음 걷는 것이 은혜였습니다. 조
금 가다보니 한 청년이 혈기를 부리며 사람들과 싸우고 있었습
니다. 그 청년은 팔순 노인이 걷지 못해서 힘들어하며 고개 숙
이고 기도하고 있을 때 측은히 여기며 당당하게 앞을 지나갔습

니다. 그는 하나님은 필요 없는 존재라고 생각했습니다. 오히려 거추장스럽다고 생각했습니다.

사람들은 언제나 힘을 가지고 있을 것이라고 착각합니다. 대부분의 경우 시간이 지나면 노인이 된다는 필연적인 사실을 망각하고 있습니다. 팔순 노인이나 힘이 넘치는 삼십대나 하나님 앞에서는 다 똑같은 존재입니다.

높은 산 앞에선 토끼나 곰 모두 거기서 거기이기 때문입니다. 그러므로 인생은 하나님 앞에서 언제나 겸손해야 합니다. 겸손하게 하나님을 바라보는 자에게 힘을 더하십니다. 한 걸음 한 걸음 하나님을 의지하며 걸을 수 있는 자가 힘있는 자요 건강한 자입니다.

# 취임식 입장권

"천사가 내게 말하기를 기록하라 어린양의 혼인 잔치에 청함을 입
은 자들이 복이 있도다 하고 또 내게 말하되 이것은 하나님의 참
되신 말씀이라 하기로" (요한계시록 19장 9절)

2001년 1월 20일 거행된 미국의 부시 대통령 취임식 입장권
의 한장 값이 15만 달러 우리 돈으로 1억 8000여만 원이나 되
었다고 합니다. 그런데 많은 재계 인사들이 이 돈을 지불하고
도 참석하기를 원했다고 합니다.

이번 부시 대통령 취임식에는 국내 재계의 총수급들이 참석
했습니다. 그런데 입장권 값이 다소 차이가 있다고 합니다. 미
국내 정계와 재계 인사들과 친분이 있는 분들은 1만 달러 정도
인데 반해 친분이 없는 사람은 거의 20만 달러 정도를 지불했
다고 합니다.

정치계에서도 부시 대통령 취임식에 참석해서 부시 대통령
과 사진 한 번만 찍어도 생애의 영광으로 생각한다고 합니다.

이 세상에서 최고의 힘을 가진 미국 대통령 취임식보다 더 위대한 잔치가 있습니다. 그 잔치는 이 세상에서 최선의 삶을 마치고 돌아오는 하나님의 자녀들을 위한 잔치일 것입니다. 세상 대통령이 베푸는 잔치에는 아무나 들어갈 수 없습니다. 초대받은 자들이나 엄청난 취임식 표를 사야 들어갈 수 있지만 하늘 나라 잔치에는 믿음만 있으면 누구나 들어갈 수 있습니다. 하늘 나라 잔치에 참석할 수 있는 기회를 놓치지 마십시오.

# 호흡

"나는 너희를 위하여 기도하기를 쉬는 죄를 여호와 앞에 결단코
범치 아니하고 …" (사무엘상 12장 23절)

강원도 산속에는 건강을 위해 특별한 행동을 하는 사람들이
있다고 합니다. 밤새도록 바깥에서 잠을 자는데 그들에게는 침
낭이 집겸 이불이라고 합니다. 영하 20도 되는 밤에도 그들은
침낭 속에 몸을 파묻고 잠을 자는데, 코는 반드시 바깥으로 내
놓고 맑은 공기를 마시며 잔다고 합니다.

사람의 폐를 펼치면 20평 정도의 크기에 해당한다고 합니
다. 맑은 공기를 마시면 온몸의 피를 정화시켜 건강을 회복시
켜 준다는 사실 때문에 사람들은 강원도 산속에서 추위도 마다
하고 잠을 자는 것입니다.

그들 중에는 병원에서 포기한 사람들이 건강을 회복하기도
한다고 합니다. 맑은 공기는 참으로 중요합니다.

얼마 전 서울에 사는 여자들의 모유에서 검출된 다이옥신의

수치가 지방에 사는 여자들의 모유에서 검출된 수치보다 두배 정도 높았다고 합니다. 좋은 공기를 마시고 사는 것이 건강을 유지하는 비결입니다.

사람들이 공기를 통해 생명을 유지하듯이 그리스도인들은 기도를 통해 영적인 건강을 유지합니다. 이처럼 신앙생활에서 기도는 너무나 중요합니다. 끊임없는 기도생활은 영적인 건강을 유지하는 길입니다. 기도는 영혼의 호흡입니다. 하나님은 "쉬지 말고 기도하라."고 말씀하십니다.

# 빛

"예수께서 또 일러 가라사대 나는 세상의 빛이니 나를 따르는 자
는 어두움에 다니지 아니하고 생명의 빛을 얻으리라." (요한복음
8장 12절)

진해에 가면 이승만 대통령이 별장으로 사용한 오래된 집이
있습니다. 그 집에는 '종가시나무' 라는 나무가 있는데 그 나무
는 햇빛을 향해서만 뻗어 있습니다. 햇빛의 반대 방향에는 건
물이 서 있습니다. 건물 쪽으로는 전혀 성장하지 않았습니다.
바닷가에 있는 소나무들도 햇빛 쪽으로 가지를 힘있게 쭉 뻗고
있는 것을 볼 수 있습니다.

햇빛은 모든 식물이 건강하게 자라도록 하는 역할을 합니다.
식물이 빛을 보고 뻗어가듯이 사람도 빛을 향해 나아가야 합니
다. 그래야 건강합니다.

오늘날은 빛보다는 오히려 어둠을 좋아하는 사람들이 많습
니다. 그래서 아프고 고통스럽고 세상이 어둡습니다. 방향 감

각을 상실한 사람들이 많습니다. 죽음 앞에서까지 허둥거리는 사람들이 있습니다. 빛은 안내자입니다. 그리고 빛은 힘입니다. 빛을 보고 목표를 찾습니다. 생명을 가진 식물이 모두 빛을 받아 산다면 인생은 더더욱 빛의 중요성을 인식해야 합니다.

빛을 따라서 살아야 하는 것이 인생입니다. 무엇이 빛의 역할을 하느냐에 따라 인생이 달라집니다. 돈을 빛으로 여기는 사람이 있고, 명예나 지식을 빛으로 여기며 살아가는 자도 있습니다. 그러나 그것은 빛이 아닙니다. 인생은 자연계의 태양과 같이 사라지지 않는 빛을 따라서 살아야 합니다. 그 빛은 바로 예수 그리스도이십니다. 이 세상은 빛과 어두움의 싸움입니다. 빛을 따라가면 어두움은 아무런 문제가 되지 않습니다.

# 뿌리

"믿음이 없이는 기쁘시게 못하나니 하나님께 나아가는 자는 반드
시 그가 계신 것과 또한 그가 자기를 찾는 자들에게 상주시는 이
심을 믿어야 할지니라." (히브리서 11장 6절)

1949년 8월 8일 장개석 총통이 이승만 박사와 회담하면서
심은 기념식수인 '히말라야 시다'가 지금도 이승만 박사의 별
장에 있습니다. 그런데 이 나무를 3개의 쇠막대기가 받치고 있
습니다. 뿌리가 약하여 스스로는 더 이상 오래 버틸 수가 없기
때문이라고 합니다.

뿌리가 튼튼하지 못하면 열매를 기대할 수 없습니다. 뿌리만
튼튼하면 가지가 손상되어도 큰 문제가 되지 않습니다. 잠시
후면 회복되기 때문입니다. 그러나 뿌리에 문제가 생기면 그
결과는 너무나 당연합니다.

신앙생활도 이와 같습니다. 교회 안에서 열심히 신앙생활을
하는 것처럼 보이다가 갑자기 바람처럼 사라지는 사람들이 있

습니다. 그 이유는 믿음이 없기 때문입니다. 믿음은 신앙생활에서 뿌리와 같습니다. 믿음의 뿌리가 튼튼해야 신앙의 열매를 맺을 수 있습니다. 뿌리 없는 신앙은 불안합니다. 언제 넘어질지 모릅니다.

아직도 예수 그리스도를 믿지 않고 있다면 이 시간 예수님을 당신의 주인으로 영접하십시오. 그러면 하나님께서 당신을 위해 아낌없이 베풀어 주실 것입니다.

# 부활

"예수께서 가라사대 나는 부활이요 생명이니 나를 믿는 자는 죽어도 살겠고" (요한복음 11장 25절)

예수님의 부활은 고난의 결과입니다. 자신을 포기하고 십자가의 치욕과 엄청난 고통의 결과로 이루어진 부활입니다. 부활은 예수님 자신만의 부활이 아니라 믿는 자들에게 주신 최고의 축복입니다. 죽음만을 바라보고 달려야 하는 인생에게 부활은 영원한 소망이며 승리입니다.

부활은 하나님이 예수 그리스도를 통해 인간에게 주신 최고의 선물입니다. 부활의 주님은 자신을 믿는 자들에게 부활을 선물로 주십니다. 죄로 인해 죽음의 심판대 앞에서 두려워해야 할 인생들이 예수님의 부활로 인해 영원한 축복의 장소인 천국으로 들어가게 된 것입니다.

오늘날 부활의 주님을 믿으면서도 이기심에 사로잡혀 오직 자신의 욕심을 채우기에만 급급한 사람은 부활의 감격을 맛볼 자격이 없는 사람인지도 모릅니다. 부활이 고통의 결과이었듯이 신앙의 참된 맛은 고난을 향해 달려가는 자의 소유가 될 것입니다.

예수님이 부활하셨습니다. 그 부활의 축복 때문에 당신은 이 세상에서 가장 행복한 사람이 될 수 있음을 알아야 합니다. 누군가가 한 이 말은 큰 의미를 주는 말입니다. "교회에 있어 한 문제는 너무 많은 사람들이 갈보리 없이 부활을 원하는 것이다."

# 이천 번의 단계

" … 할 수 있거든이 무슨 말이냐 믿는 자에게는 능치 못할 일이
없느니라." (마가복음 9장 23절)

토마스 에디슨은 미시간 주의 포트휴론초등학교에 입학했으
나 학교생활에 적응하지 못해 학교를 그만두고 어머니로부터
직접 교육을 받았습니다. 에디슨은 과학에 높은 흥미를 보였습
니다. 열 살 때에 화학 실험실을 꾸몄습니다.

그는 평생 동안 1,300가지의 발명품을 만들었습니다. 전구
를 발명할 때는 이천 번이나 실패를 거듭했지만 좌절하지 않고
결국 전구를 만들었습니다.

한 젊은 기자가 그에게 "이천 번이나 실패했을 때의 기분이
어떠했습니까?"라고 묻자 "저는 한 번도 실패한 적이 없습니
다. 이천 번의 단계를 거친 것뿐입니다."라고 말했다고 합니
다.

오늘날 우리가 사는 이 세상은 희생의 대가를 치른 자들에

의해 유지되고 있습니다. 그리고 긍정적인 사고를 가진 자들에 의해 건설되고 있습니다. 부정적인 사고를 가지고 있는 자들은 어떤 일도 이룰 수 없습니다.

건강한 공동체는 긍정적인 자들이 주도합니다. 그러나 병든 공동체는 부정적인 사고를 가진 자들에 의해 좌우됩니다. 하나님으로부터 쓰임 받는 자 역시 긍정적인 자들입니다. 주님은 오늘도 우리에게 말씀하십니다. "… 할 수 있거든이 무슨 말이냐 믿는 자에게는 능치 못할 일이 없느니라." 마가복음 9장 23절의 말씀입니다.

# 영원한 '로얄층'

"저희의 기다리는 바 하나님께 향한 소망을 나도 가졌으니 곧 의인과 악인의 부활이 있으리라 함이라." (사도행전 24장 15절)

서울시가 운영하는 경기도 파주시 용미리 납골당에서는 유골함 배정 문제로 유족과 직원들간에 자주 승강이를 벌인다고 합니다.

납골함은 윗층부터 순서대로 배정을 받는데 1층이나 맨 윗층에 배정 받은 사람들이 좋은 위치를 달라고 항의를 하기 때문이라고 합니다.

납골함 1기의 크기는 가로 세로 27센티미터로 가족들이 가장 선호하는 위치는 눈높이에 해당하는 5층이라고 합니다. 이 세상 아파트도 로얄층이 있습니다. 이처럼 납골당에서도 로얄층이 있는 것입니다.

외국의 경우에는 납골함의 위치에 따라 가격이 다르지만 시립 납골당의 경우는 순서대로 배정이 된다고 합니다. 위치에 불만을 품고 행패를 부리거나 아니면 청탁을 하는 사람도 있다고 합니다. 그것도 안되면 사설 납골당으로 옮겨간다고 합니다. 시립 납골당은 15년 동안 1만 5천 원이지만 사설 납골당은 거의 4백만 원에 육박한다고 합니다.

사람이 죽으면 육체는 한 줌의 재가 됩니다. 그러나 하나님은 인생에게 부활이라는 놀라운 축복을 준비해 주셨습니다. 눈에 보이는 납골당의 좋은 위치보다는 이 세상에서 부활의 준비를 마치는 것이 더욱 중요합니다.

예수님을 믿는 자는 의인의 부활을 맛보게 됩니다. 예수 믿고 부활한 자들은 하나님이 준비하신 영원한 '로얄층' 인 천국을 소유하게 됩니다.

# 가정

"악인의 집에는 여호와의 저주가 있거니와 의인의 집에는 복이 있
느니라." (잠언 3장 33절)

한국과 미국의 이삼십대 젊은이들을 비교해 보면 한국의 이
삼십대 직장인은 10명 중 6명(60%)이 퇴근 후 곧바로 귀가해
가족과 시간을 보내는 반면 미국인은 84%가 곧바로 귀가해 가
족과 시간을 보낸다고 합니다.

자녀를 위해 부모가 희생해야 하는가에 대한 질문에 한국인
은 42%가 최선을 나해야 한나고 했고, 미국인은 88%가 부모
의 행복을 희생해서라도 자식을 위해 최선을 다해야 한다고 응
답했다고 합니다.

미국의 젊은이들이 오히려 한국의 젊은이들 보다 가정에 대
해 건강한 생각을 하고 있는 것을 볼 수 있습니다.

하나님이 만드신 가정이 파괴되고 있습니다. 세상은 희망이
없습니다. 구세군의 창설자 부드는 이런 말을 했습니다. "이

세상에서 가장 아름다운 말은 '어머니', '가정', '천국' 이다."

하나님께서 만드신 가정은 투쟁이 없는 사람이 가득한 곳입니다. 가정은 허물과 실패를 달콤한 사랑으로 숨겨 주는 곳이기도 합니다. 건강하고 화목한 가정을 원하는 것이 모든 사람들의 바람입니다. 그러나 이런 가정은 단지 인간의 노력만으로 되는 것이 아니라 가정을 만드신 하나님을 주인으로 모실 때만 가능합니다.

# 소망

"소망의 하나님이 모든 기쁨과 평강을 믿음 안에서 너희에게 충만케 하사 성령의 능력으로 소망이 넘치게 하시기를 원하노라." (로마서 15장 13절)

이런 그림이 있습니다.

한 여인이 둥근 지구 위에서 홀로 외롭게 앉아서 비파를 연주하고 있습니다. 자세히 보면 그 비파의 줄이 모두 끊어지고 한 줄만 남아 있습니다. 이 여인은 하나 남은 줄이지만 최선을 다해 연주하고 있는 모습을 발견할 수 있습니다. 여인의 뒤에는 희미한 별 하나가 빛을 발하고 있습니다. 이 여인에게는 비파의 한 줄이 소망의 줄이며 희미하게 비춰는 별이 소망인 것처럼 보입니다. 이 그림은 유명한 화가 왈츠가 그린 '소망'이라는 그림입니다.

나치 독일의 처참한 수용소에 대한 관찰 기록을 쓴 프랭클 박사는 수용소 안의 포로들을 크게 두 종류로 구분하고 있습니다. "마음으로 포기한 사람은 곧 쇠약해졌고 소망을 가진 사람들은 끝까지 살아 남았습니다. 혼자만 소망을 가진 것이 아니라 절망 가운데 있는 사람을 도와 주었습니다."

소망을 가진 자는 내일이 있고 미래가 있습니다. 그리고 하나님이 주시는 행복을 자신의 것으로 만들 수 있습니다.

그리스도인은 소망을 가진 자입니다. 예수 그리스도를 믿는 순간 영원한 소망이신 하나님께서 함께 하시기 때문입니다.

# 나폴레옹의 최후

"여호와여 주의 이름을 아는 자는 주를 의지하오리니 이는 주를 찾는 자들을 버리지 아니하심이니이다." (시편 9편 10절)

나폴레옹은 러시아 원정에 실패하고 프랑스로 돌아와서 황제의 자리를 잃었습니다. 황제의 자리를 유지할 수 있는 군대는 남아 있었습니다. 그러나 그를 황제의 자리에서 멀어지게 한 것은 믿었던 사람들로부터 배신을 당했기 때문입니다.

육군 참모총장 베르티는 러시아에 항복하라고 협박을 했고, 나폴레옹의 총애를 받은 외무대신 발레랑은 독살 음모를 꾸몄습니다. 그리고 조세핀은 남편을 반갑게 맞아 주지 않았습니다. 오직 어머니 레디치아와 여동생 포올린 그리고 두 번째 아내인 헝가리 여인 오랜 부스카만이 그의 위로가 될 뿐이었습니다.

결국 나폴레옹은 1814년 황제의 자리를 물러나며 "나는 전쟁에서 진 것이 아니라 내가 믿었던 동지들의 배신에 진 것이다.”라고 말했습니다.

천하 제일을 꿈꾸며 20년을 누린 부귀와 영화 그리고 명예는 한 순간에 사라지고 그는 엘바섬에서 고독한 죽음을 맞이하고 말았습니다.

세상의 것에 철저하게 집착하고 의지할 때 마지막이 비참할 뿐입니다. 나폴레옹도 결국은 자신에게 속은 것입니다. 가장 비참한 사람은 자신에게 속은 사람입니다. 인생은 하나님을 의지하지 않으면 결국 후회하며 통곡할 수밖에 없습니다.

# 한 사람

"너는 말씀을 전파하라 때를 얻든지 못 얻든지 항상 힘쓰라 ….."
(디모데후서 4장 2절)

전도란 "좋은 소식을 가져오다." 또는 "퍼뜨리다."라는 뜻입니다. 좋은 소식은 한마디로 예수님이십니다. 예수 그리스도께서 인간의 모든 문제를 해결해 주실 수 있는 분임을 전하는 것이 전도입니다. 전도를 통해 복음이 세계에 퍼졌습니다. 그러므로 전도는 성도이면 누구나 해야 할 의무입니다. 전도하기를 원하면 주님은 전도자를 여러 가시 방법으로 도우셔시 빈드시 열매 맺도록 하십니다.

미국 북장로회 선교사인 마펫 선교사는 평양에 도착하여 선교를 하다가 한 청년이 던진 돌팔매에 머리를 맞고 피를 흘리며 쓰러진 적이 있습니다. 돌팔매를 한 사람은 이기풍이라는 부랑아였습니다. 그러나 1894년 예수님을 믿고 마펫 선교사로부터 세례를 받게 됩니다. 이후 그는 신학교에 입학하여 장로

교 최초 목사 7인 중에 한 사람이 됩니다. 그리고 전혀 복음의 흔적이 없던 제주도로 가서 제주도 선교의 기틀을 마련하게 됩니다.

한 사람의 전도는 상상할 수 없는 큰 결과를 가져다 줍니다. 오늘 내가 전한 복음의 열매는 참으로 대단한 결과로 나타나게 됨을 알아야 합니다. 한 사람에게 복음을 전해도 그 결과는 수천 명으로 나타날 수 있는 것입니다. 그러므로 전도하지 않는 것은 수많은 영혼에 대한 무관심인 것입니다. 지금 한 사람에게 복음을 전하지 않겠습니까?

# 동행자

"볼지어다 내가 문 밖에 서서 두드리노니 누구든지 내 음성을 듣고 문을 열면 내가 그에게로 들어가 그로 더불어 먹고 그는 나로 더불어 먹으리라." (요한계시록 3장 20절)

얼마 전 기차를 타고 대전에 갈 때의 일입니다. 어떤 남자가 뒷자리에 앉아 혼자 중얼거리고 있는 것이었습니다. 그 남자의 모습은 영락없는 거지였습니다. 옷은 오랫 동안 세탁을 하지 않아서 그런지 얼룩져 있었고 머리와 얼굴은 때국물로 얼룩져 있었습니다, 쉴새없이 떠드는 그 사람은 정신도 정상이 아니라는 사실을 금방 알 수가 있었습니다. 그 사람의 옆자리에는 누가 앉아 있는지 궁금하여 고개를 돌려 보니 어떤 여자가 앉아 있었습니다. 40대 정도의 여자였습니다. 아마 그 여자는 자신의 옆자리에 고약한 냄새를 풍기는 정신나간 거지가 앉을 것이라고는 생각하지 못했을 것입니다.

여행은 즐거워야 합니다. 여행의 즐거움은 동행자에 의해 결정되는 경우가 많습니다. 누가 내 옆자리에 앉는가에 따라 여행의 질이 결정되는 것입니다.

하나님은 인생의 영원한 동행자로 독생자 예수 그리스도를 이 땅에 보내셨습니다. 예수 그리스도는 구원자요, 안내자요, 위로자요, 공급자요, 치료자이십니다.

100년 이내의 인생 여행에서 당신의 옆자리에 예수 그리스도 그분을 모시지 않겠습니까?

# 도깨비 방망이

"너희 염려를 다 주께 맡겨 버리라 이는 저가 너희를 권고하심이
니라." (베드로전서 5장 7절)

믿음이란 하나님이 일하심을 믿는 것입니다. 그리고 살아 계
신 하나님을 신뢰하는 것입니다. 하나님은 어떤 신뢰의 대상과
도 비교되지 않는 이 세상을 창조하신 하나님이십니다. 그리고
하나님은 우리를 자녀로 삼으셨습니다. 끊임없이 사랑하고 공
급하며 좋은 길로 인도하기를 원하시는 아버지로 우리에게 다
가오십니다. 이런 하나님의 도우심과 사랑을 체험하며 사는 자
가 그리스도인입니다. 그리고 불안하게 보이는 미래까지 맡기
고 염려하지 않는 믿음이야말로 참으로 좋은 믿음입니다. 살아
계신 하나님의 존재를 항시 잊지 않고 사는 믿음이 바로 동행
의 믿음입니다.

하나님을 도깨비 방망이로 생각하며 교회에 다니는 사람들
이 많습니다. 결정적인 큰 문제 몇 가지 정도만 해결해 주실 수

있는 하나님으로 생각합니다. 그래서 큰 어려움이 닥쳐야 비로소 하나님께 달려가는 것입니다. 그러나 하나님은 도깨비 방망이나 요술 램프 같은 분이 아니라 항상 우리의 곁에서 우리를 도우시고 인도하기를 원하시는 살아 계신 하나님이십니다.

하나님께는 절망과 실패가 없으십니다. 무엇이든지 가능하신 분입니다. 그러므로 자녀된 우리도 염려하거나 불안해 하지 말고 살아 계신 하나님을 신뢰하기만 하면 모든 문제가 해결된다는 사실을 믿어야 할 것입니다.

# 하나님의 뜻

"범사에 감사하라 이는 그리스도 예수 안에서 너희를 향하신 하나님의 뜻이니라." (데살로니가전서 5장 18절)

어떤 농부의 집에 젖소가 한 마리 있었습니다. 20일 후에 많은 손님들이 이 집을 방문하기로 되어 있었습니다. 농부는 젖 짜는 것을 잠시 멈추고 20일 후에 짜기로 하였습니다. 20일 후에 손님들이 방문했습니다. 20일 동안 저축한 젖을 짜내기 위해 안간힘을 썼으나 한 방울도 나오지 않았습니다. 우유는 매일 짜내야 하는데 한꺼번에 많이 짜내려고 하나가 오히려 젖소를 망치고 만 것입니다.

사람들이 미루지 말아야 할 것이 있다면 바로 감사입니다. 감사하는 사람은 계속해서 감사의 조건을 찾게 됩니다. 그러나 불평하는 사람은 감사의 조건을 발견하고도 무감각하게 됩니다.

유대인들의 명언 중에 이런 말이 있습니다. "세상에서 가장 부유한 사람은 자기가 가진 것에 감사하는 사람이다.”

사실 우리가 감사의 조건을 찾고자 한다면 어렵지 않게 찾을 수가 있습니다. 감사하며 사는 사람에게는 모든 빈 자리가 감사로 채워집니다. 그러나 감사하지 않는 자는 감사의 조건까지도 불평과 원망 그리고 무감각으로 돌려버리기에 불행한 자로 살아갈 수밖에 없습니다.

당신은 감사의 삶을 살고 있습니까?

# 부성애

"우리가 아직 죄인 되었을 때에 그리스도께서 우리를 위하여 죽으심으로 하나님께서 우리에게 대한 자기의 사랑을 확증하셨느니라." (로마서 5장 8절)

얼마 전 T·V 다큐멘터리에서 가시고기에 대한 내용이 방영되었습니다. 암놈이 알을 낳고 떠나 가면 수놈이 보름 동안 알의 부화를 위해 온 정성을 다합니다. 먹지도 자지도 않고 지느러미를 움직여 산소를 공급하고 다른 물고기들이 침입하면 생명을 건 싸움도 마다하지 않습니다. 이렇게 보름 동안의 사투 후에는 기진맥진하여 새끼들이 있는 쪽으로 머리를 향하고 죽어갑니다.

펭귄의 경우도 이와 같은 부성애를 가지고 있다고 합니다. 암놈이 수놈의 발 위에 알을 낳아 놓으면 폭신한 발등에서 60일이 지나면 부화가 됩니다. 두 달 동안 부화 될 때까지 수놈 펭귄은 꼼짝하지 못하고 있다가 기진맥진하여 몸을 가누지 못

합니다. 암놈은 먹이를 준비해서 자신의 새끼를 먹이는데 골몰하지만 수놈에게는 별 관심을 두지 않습니다. 수놈은 비틀거리며 바다로 향하다가 쓰러져 죽어가는 경우가 대부분이라고 합니다.

이처럼 동물의 세계에도 감동적인 부성애를 찾아볼 수 있습니다. 부모의 자녀 사랑 역시 그 어떤 사랑과 비교되지 않는 최고의 사랑입니다. 그렇다면 예수 그리스도를 믿음으로 하나님의 자녀가 된 우리가 받을 하나님 아버지의 사랑은 도무지 측정할 수가 없을 것입니다.

# 어떤 회의

"우리가 아직 죄인 되었을 때에 그리스도께서 우리를 위하여 죽으심으로 하나님께서 우리에게 대한 자기의 사랑을 확증하셨느니라." (로마서 5장 8절)

이런 우화가 있습니다. 어느 부잣집에서 결혼 잔치가 열리게 되어 주인이 정성껏 기른 동물들을 불러 모아 의논을 하였습니다.

"이번 결혼식에 맛있는 음식을 만들어 성대한 잔치를 열려고 하는데 어떤가?" 그러자 모든 동물들은 대 찬성이라고 소리를 지르며 좋아했습니다.

"그렇다면 요리를 위해 어떤 동물을 재료로 삼으면 좋겠는가?"라고 말하며 닭을 바라보았습니다. 그러자 닭은 "저는 매일 알을 낳아서 이 집안의 식탁을 풍성하게 만들고 있습니다. 저기 있는 양을 잡으시는 것이 어떻겠습니까?" 그러자 양이 새파래지면서 "저의 털은 모든 가족을 따뜻하게 보호해 주고 있지 않습니까? 저기 있는 개가 어떻겠습니까?" 그러자 개가 놀라서 소리를 질렀습니다. "이 집을 노리는 여우나 늑대를 지키기 위해서는 제가 반드시 필요합니다. 제 옆에 있는 말을 죽이십시오." 그러자 말이 펄쩍 뛰면서 "무슨 말을 하는 거야? 내가 없으면 여행을 할 수 없지! 그러니 저기 소가 적격이지!"라고 말했다고 합니다.

　잔치를 위한 회의는 결론이 나지 않았습니다. 어떻게 보면 이 세상의 인심을 보여준 이야기라는 생각이 듭니다. 희생 없이 얻을 수 있는 것은 없습니다. 예수님의 십자가의 희생이 있었기에 죄로부터 용서받을 수 있었던 것입니다.

# 흔들리는 갈대

"저희가 떠나매 예수께서 무리에게 요한에 대하여 말씀하시되 너희가 무엇을 보려고 광야에 나갔더냐 바람에 흔들리는 갈대냐"
(마태복음 11장 7절)

조나단 스위프트가 쓴 『걸리버 여행기』는 난쟁이 소인국과 거인국에 대한 소설입니다. 내용 중에 소인국 사람들이 전쟁으로 수만 명이 희생된 일이 있습니다. 그 싸움의 발단은 삶은 계란을 깨뜨려 까먹을 때, 계란의 넓은 쪽 끝을 먼저 깨뜨려 까먹느냐 아니면 좁은 쪽 끝을 먼저 깨뜨려 까먹느냐 하는 것이었습니다. 이 일로 싸움이 일어나 수만 명의 생명이 희생을 당하게 됩니다.

이 글에서 조나단 스위프트는 세상의 사람들이 하찮은 일에 골몰하고 싸우는 것을 이렇게 비웃고 풍자했습니다.

참으로 귀한 인생을 살면서 별로 의미 없는 일 때문에 싸우고 정력을 쏟는 경우는 너무나 많습니다. 가정과 사회에서도 이런 일을 많이 볼 수 있습니다. 그리스도인들도 마찬가지입니다. 자신의 위치를 모르고 인생의 목표를 잘 모르면 쓸데없는 일에 열을 올리게 되고 정력과 시간을 허비하게 됩니다.

인생에게 가장 중요한 구원의 진리와 영생에 대한 길을 발견한다면 어떤 경우에도 흔들림 없는 삶을 살 수 있을 것입니다.

# 감사의 씨앗

"범사에 감사하라 이는 그리스도 예수 안에서 너희를 향하신 하나
님의 뜻이니라." (데살로니가전서 5장 18절)

감사의 씨앗을 뿌리면 엄청난 감사의 제목을 얻게 됩니다.
이와는 반대로 원망과 불평의 씨앗을 심으면 원망과 불평의 제
목을 얻게 됩니다. 뿌린 씨앗은 작게 보여도 그 결과는 참으로
큽니다. 대부분의 사람들이 감사해야 되겠다는 생각이 들어야
감사합니다. 그러나 감사할 것이 없어도 감사해야 합니다. 이
것이 하나님의 뜻입니다. 하나님의 뜻대로 사는 사에게 하니님
은 상상할 수 없는 결과를 주십니다.

요셉은 불평할 수밖에 없는 상황이었지만 그는 결코 원망하
지 않았습니다. 그는 감사의 삶을 산 것입니다.

탕자의 형에게 있어서 가장 큰 문제는 감사가 없는 것이었습
니다. 아버지로부터 받은 은혜가 너무나 크지만 감사하는 생활
이 없으니 동생이 돌아와서 잔치가 열린 것을 보고는 분이 나

서 견딜 수 없었던 것입니다.

　감사하지 않는 것은 하루 종일 생활을 하고도 몸을 씻지 않는 것과 같습니다. 몸을 씻지 않으면 모기와 파리가 몸에 붙습니다. 이처럼 감사하지 않으면 사탄으로부터 이용을 당하게 됩니다. 큰아들은 아버지의 마음에 비수를 꽂는 말을 하고 있습니다. "아버지의 살림을 창기와 함께 먹어버린 이 아들이 돌아오매 이를 위하여 살진 송아지를 잡으셨나이다"(눅 15:30). 모든 일에 감사합시다. 지난 시간을 생각해 보면 모든 것이 하나님의 은혜가 아닙니까?

# 고난



어떤 그리스도인이 여행 중에 풍랑을 만나 죽을 고생을 하다
가 무인도에 도착하여 겨우 목숨만 구했습니다. 그곳에서 임시
거처를 만들어 살게 되었습니다. 바닷가에 나가서 고기를 잡아
먹으며 생명을 연명하였습니다. 지나가는 배라도 있으면 자신
을 구출해 줄 것이라는 기대감으로 지내던 어느 날 고기를 잡
아 돌아와 보니 임시 거처가 불에 나서 잿너미로 변해 버렸습
니다. 밤사이 피워 둔 모닥불 불씨가 옮겨 붙어 불이 나서 그
동안 장만한 모든 재산을 불태워 버린 것이었습니다. 그는 그
자리에서 울면서 하나님을 원망하였습니다. 그런데 그 다음 날
배 한 척이 무인도에 상륙했습니다.

그 사람이 배의 선원들에게 도대체 어떻게 된 일이냐고 묻자
이 섬에서 솟아 오른 연기를 보며 사람이 있는 것을 알았다고

말했습니다.

"겨울에 땅을 얼어붙도록 하는 혹독한 추위가 없다면 봄부터 여름에 걸쳐서 초목이 무성할 수 없다."는 말이 있습니다. 사람도 고난을 통해 축복의 가치를 배웁니다.

# 녹슨 우산

"만일 그 예물이 떼의 양이나 염소의 번제이면 흠 없는 수컷으로 드릴지니" (레위기 1장 10절)

영국의 메리 여왕이 어느 여름날 스코틀랜드 지역을 산책하다가 갑자기 소나기를 만나 피할 장소를 찾았습니다. 가까운 곳에 있는 농가를 발견하고는 문을 두드렸습니다. 문이 열리고 여주인이 나오자 메리 여왕은 우산을 빌려 주면 내일 돌려드리겠다고 공손하게 말했습니다. 여주인은 낯선 사람에게 우산을 빌려 주었다가 돌려 받지 못할 것을 염려해서 광에 들어가 거의 쓰지 않는 우산을 들고 나왔습니다. 그 우산은 살이 부러지고 녹이 슨 우산이었습니다. 메리 여왕은 감사하다는 말을 남기고 우산을 빌려갔습니다. 다음날 시골 농가에 근사한 복장의 남자가 찾아왔습니다. 그는 여왕의 하인이었습니다.

"저는 여왕 폐하의 하인입니다. 어제 빌려 주셨던 우산을 가져왔습니다. 여왕 폐하께서는 감사하다는 말씀을 전하셨습니다.” 그리고는 녹슨 우산을 돌려주고 사라졌습니다.

우산을 돌려 받은 여주인은 혼자 중얼거렸습니다. ‘내가 여왕 폐하에게 고물 우산을 드렸구나! 여왕 폐하인지 알았으면 가장 좋은 우산을 드릴 것을 …’

귀한 분에 대한 합당한 대우는 행운을 잡을 수가 있습니다. 당신은 하나님의 요구에 대해 어떤 자세를 가지고 있습니까?

# 신앙의 깊이

"오직 우리 주 곧 구주 예수 그리스도의 은혜와 저를 아는 지식에
서 자라가라 영광이 이제와 영원한 날까지 저에게 있을지어다."
(베드로후서 3장 18절)

『셜록 홈즈』라는 소설을 쓴 코난 도일이 배를 타고 여행을
하고 있었습니다. 그때 갑판에서 일하고 있던 한 선원이 하나
님을 향해 욕을 퍼붓기 시작했습니다. 선실 안에 있던 코난 도
일은 창문을 열고 그를 바라보았습니다. 그 사람은 웃통을 벗
고 있었고, 온몸은 문신으로 가득 차 있었습니다. 문신은 모두
기독교적인 내용으로 색깔이 멋있게 칠해진 큰 십자가와 가시
면류관, 물고기 등으로 가득 차 있었습니다.

코난 도일은 이것을 예로 "오늘날 기독교는 문신을 가진 사
람의 경우처럼 겨우 살갗 깊이 정도의 신앙밖에 안된다."고 꼬
집었습니다.

겉으로는 그리스도인 같은데 내용은 전혀 그렇지 못할 수가

있습니다. 하나님의 말씀을 살아 계신 하나님께서 주신 말씀임을 믿고 마음에 새기고 행한다면 주님을 더욱 깊이 알게 될 것입니다.

# 거룩

"나는 너희의 하나님이 되려고 너희를 애굽 땅에서 인도하여 낸 여호와라 내가 거룩하니 너희도 거룩할지어다." (레위기 12장 45절)

중국 정부가 1919년 1월 인도산 아편을 산더미처럼 쌓아 놓고 중국인들과 외국인들이 보는 앞에서 불에 태웠습니다. 아편을 태우기 위해 만든 네 개의 화덕은 그 비용만 해도 구천 달러가 들었습니다. 태워진 아편 역시 그 당시 가격으로 2천만 달러가 더 나갔습니다. 아편 덩어리가 화덕 속에서 시커멓게 타들어 갔습니다. 아편을 담은 상자까지도 불에 태워졌습니다. 아편은 모두 다 태워졌고 검은 재만 남았습니다. 아편의 흔적은 전혀 찾아볼 수가 없었습니다. 그러나 엄중한 감시하에 아편의 재를 자루에 모두 담아서 군함에 옮겨 실었습니다. 그리고는 바다 가운데로 수장시켰습니다. 완전하게 폐기시킨 것입니다.

영국의 탐험가이며 선교사인 리빙스턴이 아프리카의 보츠와나 사람에게 거룩에 대해 물었습니다. 그러자 보츠와나인이 이렇게 대답했습니다. "밤새도록 내린 비로 세상 만물이 깨끗하게 씻겼을 때 떠오르는 해가 풀잎마다 매달려 있는 이슬을 비추고 가장 공기가 상쾌할 때가 바로 거룩입니다."

하나님은 자녀된 그리스도인들이 거룩한 삶을 살기를 원하십니다. 하나님은 성도들의 거룩한 삶을 보며 기뻐하십니다.

# 진리

"하나님은 모든 사람이 구원을 받으며 진리를 아는데 이르기를 원하시느니라." (디모데전서 2장 4절)

페르시아의 다리오왕이 네 사람을 불러 이 세상에서 가장 강한 것이 무엇인지 물었더니 답변이 모두들 달랐습니다.

첫 번째 사람은 술이 세상에서 가장 강하다고 말하면서 술은 만민을 평등하게 하고 술을 먹으면 가난과 부귀 그리고 아픔을 다 잊게 하기 때문이라고 말했습니다.

두 번째 사람은 왕이 세상에서 가장 강한 분이라고 말했습니다. 왕의 명령에는 모든 사람이 다 복종하기 때문이라고 이유를 밝혔습니다.

세 번째 사람은 여자보다 강한 것은 없다고 했습니다. 그 이유는 왕을 비롯해서 어떤 훌륭한 사람도 여자가 낳을 뿐 아니라, 여자를 얻기 위해 가족이나 친구도 버리고 먼 곳을 마다 않고 찾아가며, 어떤 경우는 죽기까지 하기 때문이라고 말했습니다.

네 번째 사람은 이 세상에서 가장 강한 것은 바로 진리라고 말했습니다. 술, 왕, 여자는 모두 없어지지만 진리는 영원히 존재하기 때문이라고 말했습니다.

사람들은 진리에 대한 관심을 갖고 삽니다. 진리를 찾은 자는 참 자유를 누리고 삽니다. 그러나 진리에 대해 무감각한 사람은 부패해져서 다툼을 일으키게 된다고 성경은 말씀합니다. "마음이 부패하여지고 진리를 잃어버려 경건을 이익의 재료로 생각하는 자들의 다툼이 일어나느니라"(딤전 6:5).

요한복음 14장 6절은 예수님이 진리라고 말씀합니다. 진리 되신 예수님을 믿으면 죄로부터 용서함을 받아 거룩하게 됩니다. 죄의 대가를 지불한 사람은 자유함을 누리고 삽니다. 하나님은 모든 사람이 진리를 알아서 구원받기를 원하십니다. 예수님 그분은 당신의 모든 문제를 해결해 주실 수 있는 유일하신 진리이십니다. 하나님은 오늘도 당신을 진리 가운데로 부르고 계십니다.

# 자유



미국의 뉴올리언스 노예 시장에서 아름다운 흑인 혼혈 소녀
가 경매에 붙여졌습니다. 경매자들은 평소처럼 입찰을 하고 있
었습니다. 군중 속에 있던 한 신사가 소녀를 1,450달러에 샀습
니다. 이 사람은 북부에서 온 사람으로 그 소녀를 집으로 데려
왔습니다. 소녀는 이 사람이 싫었지만 슬픈 목소리로 말했습니
다. "나는 당신과 함께 갈 준비가 되어 있습니다." 그러자 그
사람은 소녀에게 증서를 주면서 이렇게 말했습니다. "난 당신
과 함께 가길 원하지 않아요. 나는 당신을 자유롭게 해주기 위
해 당신을 산 것이요. 이걸 보시오, 자유를 보장하는 증서요."
이 소녀는 감격하여 울먹이며 말했습니다. "제가 정말 자유
인인가요? 제가 원하는 대로 할 수 있나요? 그렇다면 남은 생
애를 선생님을 위해 섬길 수 있도록 해 주세요."

이 소녀는 자유롭게 살면서 주인을 위해 한평생을 성실하게 섬겼다고 합니다. 바로 그리스도인이 이런 자들입니다. 믿음을 가지는 순간 모든 짐(사슬)으로부터 자유함을 얻게 되기 때문입니다.

# 미국의 힘

"여호와를 경외함이 너의 보배니라." (이사야 33장 6절)

　미국 방문 중에 청교도들이 신대륙에 첫발을 디딘 곳인 플리머스를 방문하였습니다. 120명의 청교도들이 메이플라워호를 타고 신앙의 자유를 위해 대서양을 건넜습니다. 그들은 파도와 싸우면서 66일만에 대서양을 건넜고 120명 중에 102명이 플리머스항에 도착했습니다. 그 해 겨울 반 정도의 사람들이 추위와 풍토병으로 죽어갔습니다. 그들이 타고 온 메이플라워호는 지금도 플리머스항에 정박하여 많은 사람들에게 그 날의 사건을 교훈하고 있습니다.

　청교도들이 살았던 플리머스에는 그 당시의 모습을 그대로 재현해 놓은 플리머스 농장이 있습니다. 마을로 들어가는 입구에는 예배당이 있습니다. 청교도들이 이곳에 도착하여 가장 먼저 한 것은 예배당을 짓고 하나님께 예배드리는 것이었습니다.

이 예배당을 지나지 않고는 마을에 들어설 수가 없습니다.

하나님과의 관계를 우선한 청교도들의 후예인 미국은 오늘 날 세계의 최강국으로 존재하고 있습니다. 하나님을 향한 바른 신앙이야말로 후손들에게 물려 줄 최고의 보배입니다. 오늘 당신의 모습은 내일의 후손들의 그림자입니다.

# 막힌 담

"그는 우리의 화평이신지라 둘로 하나를 만드사 중간에 막힌 담을
허시고" (에베소서 2장 14절)

미국 원주민들은 백인들이 미국으로 이주해 올 때 자신의 삶
터에서 쫓겨났고 피를 흘리며 죽어 갔습니다. 미국 동부해안에
서 서부해안에 이르기까지 원주민들의 마음에는 원한과 분노
가 쌓였습니다.

이런 상처를 마음에 안고 태어난 원주민 여자아이가 있었습
니다. 그 이름은 펀 노블입니다. 펀 노블은 알코올 중독과 가정
에서의 박해로 외로움 가운데 지냈습니다.

그가 1970년 2월 3일 예수님을 믿게 되었습니다. 예수 믿은
후 그녀는 알코올 중독에서 완전히 자유케 되었습니다. 예수님
을 믿은 후 그녀가 시작한 사역 중에 하나가 미국인들에 대한
용서와 화해의 사역이었습니다. 화해와 용서가 필요한 지역에
가서 기도 행진을 한 것입니다.

서부해안에서는 40일간 800마일을 걸으며 용서와 화해의 기도를 했고, 동부해안에서는 47일간 850마일을 걸으며 기도했습니다. 펀 노블은 함께 여행한 원주민들이 용서를 고백할 수 있도록 도와 주었습니다.

분노의 벽은 기도를 가로막습니다. 그리고 자유를 빼앗아 갑니다. 예수 그리스도를 통해서 죄인인 우리들과의 담을 허시고 용서하신 하나님은 사람들끼리도 서로 용서하기를 원하십니다. 용서는 하나님께 대한 순종입니다. 하나님은 예수 그리스도를 통해서 우리를 화해시키는 자로 부르셨습니다. 미움과 증오의 쓴 뿌리는 빨리 제거해야 합니다.

# 안내자

"너는 범사에 그를 인정하라 그리하면 네 길을 지도하시리라." (잠
언 3장 6절)

며칠 전에 예배당 공사 관계로 춘천에 있는 춘천중앙교회를
방문하였습니다. 공사 현장 직원인 장 형제와 함께 30년만에
춘천을 방문한 것입니다. 영동고속도로를 통해 중앙고속도로
를 바꿔 타면 2시간 30분 정도면 갈 수 있다고 하였습니다. 운
전하는 장 형제가 1년 가까이 춘천에서 살았다는 말에 마음을
편하게 먹었습니다. 길 안내만큼은 확실히 할 것이라고 생각했
기 때문입니다.

그런데 한참 가다가 중앙고속도로 진입로를 놓치고 말았습
니다. 40분 이상 강릉 방향으로 가까이 간 후에 지나친 것을
깨닫고 근처에 있는 인터체인지로 나가기 위해 2킬로미터 정
도 뒷걸음을 쳤습니다. 고속도로 상에서 뒷걸음치는 차를 생각
해 보십시오. 여차하면 대형사고도 날 수 있기 때문에 얼마나

아찔했는지 모릅니다. 무사히 인터체인지를 빠져 나와 춘천 방향으로 차를 돌리면서 장 형제와 얼굴을 마주보며 크게 웃었습니다.

인생에게 있어서 중요한 것은 안내자입니다. 확실한 안내자만 있으면 목적지까지 걱정 없이 갈 수 있습니다. 여러분은 인생이 가야 할 최종 목적지를 아십니까? 그렇다면 누구의 안내를 받고 그곳으로 가고 있습니까? 당신이 예수님을 믿는다면 예수님을 통해 최종 목적지에 안전하게 도착할 것입니다.

# 직분자

"이러하므로 우리가 이 직분을 받아 긍휼하심을 입은 대로 낙심하지 아니하고" (고린도후서 4장 1절)

중세 유럽에 '시드니'라는 수도사가 있었습니다. 그는 평생 평범한 수도사로 지내기를 원했습니다. 그러나 교회의 명령에 의해 큰 수도원의 원장으로 부임하게 되었습니다.

본래 수도원장이 되기를 싫어했던 것을 알았던 친구가 찾아와서 이렇게 말했습니다. "원하지 않는 일을 하게 되어 마음의 고통이 크겠네. 그러나 다음에라도 그만둘 수 있기에 마음을 편안하게 생각하게나." 그러자 시드니는 단호한 목소리로 친구에게 말했습니다. "아니네, 지금까지는 그런 생각을 하고 있었지만 이미 직분을 받은 이상 최선을 다하며 성실하게 이 직분의 길을 갈 것이네!"

사람들은 자기가 원하는 일을 하기를 좋아합니다. 그러나 하나님께서 주시는 직분은 어떤 액세서리나 취미생활이나 명예

와는 거리가 멉니다. 하나님께서 베풀어 주신 은혜에 감사하는 마음으로 교회를 섬기고 형제들을 섬겨야 합니다.

하나님께서 만드신 모든 질서는 섬김으로 조화와 건강을 만들어 갑니다. 그리고 교회의 직분자가 되면 직분자답게 살아야 합니다. 그렇지 못하면 하나님의 영광을 가리게 됩니다. 그리고 또한 하나님께서 맡겨 주신 직분에 대한 감사의 마음을 가지고 최선을 다해야 합니다.

각자가 섬길 수 있는 분야가 있습니다. 기도로 섬길 수 있습니다. 시간을 드리므로 섬길 수 있습니다. 가지고 있는 재능으로 섬길 수 있습니다. 물질로 섬길 수 있습니다. 그러나 이 모든 것을 드리면서 반드시 드려야 할 것은 마음입니다. 주님의 몸 된 교회를 사랑하고 주님을 사랑하는 마음이야말로 가장 중요한 섬김의 기본이 됩니다.

# 부흥

"너희는 더욱 큰 은사를 사모하라 내가 또한 제일 좋은 길을 너희
에게 보이리라." (고린도전서 12장 31절)

제가 학교에 다닐 때만 해도 석탄 난로를 사용했습니다. 갈
탄이라고도 불렀는데 갈탄이 타기 시작하면 온 교실이 따뜻해
졌고 난로 위에는 도시락을 얹어서 데워 먹었습니다.

난로의 열기처럼 교회 안에서도 열기를 느낄 수가 있어야 합
니다. 부흥회는 이런 역할을 해 줍니다. 제가 초등학교에 다닐
때만 해도 부흥회를 5일씩 했습니다.

이번 신년 부흥회는 참으로 큰 도전과 사모하는 마음을 가져
다 준 부흥회였습니다. 하나님께서는 때를 따라 필요한 강사를
보내 주십니다. 대광교회가 개척된 지 19년 동안 몇 번의 부흥
회가 있었습니다. 돌이켜 보면 하나님께서 상황에 필요한 강사
를 보내 주셨고 우리의 신앙은 한 단계 성장하는 계기가 되었
습니다.

하나님은 부흥을 원하십니다. 때를 따라 주시는 은혜를 사모한다면 개인적인 부흥을 맛볼 수 있을 것입니다. 개인적인 부흥은 가정의 부흥과 교회의 부흥 그리고 국가적인 부흥으로 연결됩니다. 가장 중요한 것은 사모하는 마음입니다. 특히 이번 부흥회에는 많은 분들이 월차, 연차를 내고서 참석한 분들도 많았습니다.

교회는 반드시 부흥해야 합니다. 그 어떤 외적인 행사나 사업보다도 부흥이 중요한 것입니다. 교회 부흥을 위해 애쓴 길선주 목사는 40년 간 1만 70회의 설교를 했고 그의 설교를 들은 사람이 500만 명이나 되었으며 교회도 60군데나 개척을 했다고 합니다.

복음의 열정을 가진 길 목사는 3·1 운동 민족 대표로 33인 중의 한 사람으로 1907년 평양 부흥의 주역이 되었습니다.

부흥에 대한 열망을 가지면 반드시 부흥할 수 있습니다.

# 인생의 기초

"하나님은 우리의 피난처시오 힘이시니 환난 중에 만난 큰 도움이
시라 그러므로 땅이 변하든지 산이 흔들려 바다 가운데 빠지든지
바닷물이 흉용하고 뛰놀든지 그것이 넘침으로 산이 요동할지라도
우리는 두려워 아니하리로다." (시편 46편 1-3절)

1995년 1월 16일 동틀 무렵 일본 고오베시를 강타한 지진은
수많은 인명과 재산 피해를 가져왔습니다. 아수라장이 된 폐허
가운데서도 간혹 아무 일도 없었던 것처럼 우뚝 서 있는 건물
들도 있었습니다. 모든 건물이 다 같이 지진을 당했지만 이처
럼 결과는 판이하게 달렸습니다. 완벽한 준비와 투투한 기초
위에 지은 건물은 어떤 경우에도 흔들림 없이 자기의 자리를
지킬 수 있지만 대충 대충 지은 건물은 조그만 충격에도 넘어
질 수밖에 없습니다.

인생도 이와 마찬가지입니다. 기초가 중요합니다. 인생을 살
면서 다가오는 수많은 풍파를 이길 수 있는 기초는 눈에 보이
는 것이 아닙니다. 만약 외적인 요소라면 돈이나 지식 그리고

명예 등이라고 할 수 있을 것입니다. 그러나 그 모두는 약간의 도움은 줄 수 있지만 근본적인 해결책은 될 수 없습니다.

진정한 인생의 기초는 믿음입니다. 믿음은 하나님의 마음을 움직입니다. 그리고 하나님께서 흔들리는 인생을 붙잡아 주시고 안아 주시는 것을 체험하는 것입니다.

만약 당신이 지금부터 믿음을 기초로 해서 인생을 설계한다면 가장 아름다운 완성품 앞에서 탄성을 발하게 될 것입니다.

# 주인

"궁핍한 자가 항상 잊어버림을 보지 아니함이여 가난한 자가 영영
히 실망치 아니하리로다." (시편 9편 18절)

지난 주간에 고향집에 도착해 보니 개 한 마리가 대문 앞에
서 맴돌고 있는 것이었습니다. 알고 보니 부모님께서 키우시다
가 4년 전에 이웃집으로 보낸 개였습니다. 고향집에는 9년 된
개가 한 마리 있고 그 개가 낳은 새끼였습니다. 4년 전의 주인
을 잊지 않고 찾아와서 대문 앞에 쭈그리고 앉아 있는 개의 모
습은 참으로 불쌍하게 보였습니다. 대문이 열리면 꼬리를 치며
집안으로 들어온다고 합니다. 며칠 사이에 부쩍 대문 앞에서
더 맴돈다는 것입니다. 개는 주인을 결코 잊지 않는 모양입니
다.

인생에게도 주인이 있습니다. 인간을 창조하신 하나님께서
주인이십니다. 개가 주인을 잊지 못하는 것은 주인의 친절 때
문일 것입니다. 개가 느끼는 사람이라고 표현해도 좋을까요?

하나님은 우리 인간에게 어떤 분이십니까? 하나님은 사랑이십니다. 하나님은 인간에게 가장 좋은 것을 주시기 위해 자신을 내어놓으셨습니다. 그리고 하나님은 결코 실망을 주지 않으십니다.

세상의 재물이나 명예는 짐이 되고 고통이 되기도 하지만 하나님은 언제나 사랑의 하나님이십니다. 오늘도 하나님은 인간을 기다리고 계십니다. 인간을 향해 준비하신 최고의 선물을 가지고 초청하십니다. 어떤 죄를 범했을지라도 아무리 부족해도 하나님은 사랑으로 맞이해 주십니다. 용기를 내어 하나님께 나아오십시오. 예수님을 믿으십시오. 그리고 하나님을 아버지라고 불러 보십시오. 그러면 하나님은 사랑의 아버지로서 다가오실 것입니다.

# 보드웰의 욕심

"아들을 낳으리니 이름을 예수라 하라 이는 그가 자기 백성을 저
희 죄에서 구원할 자이심이라 하니라." (마태복음 1장 21절)

스코틀랜드의 귀족 보드웰은 아버지의 소유지와 지위를 상
속받아 부족함이 없는 삶을 살았습니다. 그가 메어리 여왕에
대해 정욕을 품게 되자 온갖 수단을 다해 메어리 여왕과 가까
워진 후에 메어리 여왕의 남편 단리를 암살합니다. 이후 제후
와 국민들의 격분으로 여왕은 투옥되고 보드웰은 오크니 섬으
로 도망을 쳐서 해적 두목이 됩니다. 이후 그는 덴마크에서 체
포되어 감옥에 감금됩니다. 그리고 그는 감옥에서 미쳐서 죽게
됩니다.

죄는 반드시 결과가 있습니다. 죄란 탄로되지 않기를 바라지
만 탄로될 수 있다는 걱정이 항상 뒤따릅니다. 잠이 들어도 악
몽 때문에 고통을 당합니다. 하루라도 편히 지낼 수 없게 만드
는 것이 죄입니다. 죄에 대한 대가는 반드시 지불해야 합니다.

그 누구도 죄의 대가를 면제받을 수 없습니다. 죽음도 죄의 결과로부터 벗어날 수 없습니다.

하나님은 죄의 결과에 대해서 수없이 말씀하고 있습니다. 히브리서 9장 27절에 "한번 죽는 것은 사람에게 정하신 것이요 그 후에는 심판이 있으리니"라고 말했습니다.

그런데 하나님은 사람들이 지은 죄에 대한 해결책을 이미 알려 주셨습니다. 오늘날 사람들이 암을 극복하기 위해서 얼마나 많은 투자와 연구를 거듭하고 있습니까? 세상에서 몇 십 년 더 살기 위해 이렇게 노력을 하면서도 육체적인 죽음 이후에 주어지는 영생을 얻고 천국을 소유하기 위해서는 죄 문제를 해결해야 한다는 가장 중요한 진리를 외면하는 어리석음을 범해서는 안될 것입니다. 죄로부터 구원해 주시기 위해 이 땅에 오신 예수님을 믿는 것만이 죄를 용서받는 유일한 길임을 알아야 합니다.

# 어린아이



수리아의 군대 장관 나아만은 제일가는 충신이었고 용맹스
러운 장군이었습니다. 그런데 문둥병에 걸렸습니다. 참으로 기
막힌 일이었습니다. 그런데 이스라엘에 있는 엘리사라는 선지
자에게 가면 병이 나을 것이라는 소식을 들었습니다.

나아만은 기대감과 함께 은 십달란트와 금 6천 개와 예복 열
벌을 예물로 가지고 출발했습니다.

나아만은 마차를 타고 엘리사의 집 대문 앞에 도착했지만 엘
리사는 만나 주기는커녕 다른 사람을 통해 "나아만은 요단강
으로 내려가서 일곱 번 몸을 씻어라! 그러면 나아질 것이다."
라는 말을 전해 주었습니다. 화가 난 나아만은 당장 발길을 되
돌리며 "나는 그가 몸소 나를 영접하여 하나님께 기도드리며
내 상처를 어루만져 문둥병을 낫게 해 줄 것으로 기대했다. 그

런데 요단강에서 몸을 씻으라니 다메섹에는 요단강보다 훨씬 좋은 아마나강과 바르발강이 있지 않느냐?"라고 말했습니다. 그러나 부하의 간곡한 부탁으로 요단강에서 몸을 일곱 번 씻자 온몸이 어린아이 피부처럼 깨끗하게 되었습니다.

하나님께서 인간에게 주신 진리는 복잡하지 않습니다. 오히려 너무 쉽고 단순해서 많은 사람들이 믿지 않는지도 모릅니다. 지식을 가졌다고 자부하는 사람들은 성경의 내용을 비웃기도 합니다. 그러나 하나님께서 인간에게 주신 기쁜 소식은 단순합니다. 구원의 진리를 깨닫고 싶습니까? 그렇다면 마태복음 18장 3절 말씀을 보십시오. "가라사대 진실로 너희에게 이르노니 너희가 돌이켜 어린아이들과 같이 되지 아니하면 결단코 천국에 들어가지 못하리라."

오늘도 주님은 우리에게 말씀하십니다. "주 예수를 믿으라 그리하면 너와 네 집이 구원을 얻으리라." 사도행전 16장 31절의 말씀입니다.

# 종교는 달라도 진리는 같을까?

"말씀하시기를 이러므로 사람이 그 부모를 떠나서 아내에게 합하여 그 둘이 한 몸이 될지니라." (마태복음 19장 5절)

한국 갤럽이 1997년도에 1,612명을 대상으로 조사한 바에 의하면 무종교인 84%가 종교적인 진리는 동일하다고 답했고, 80.1%가 종교가 없어도 구원받을 수 있다고 응답했습니다. 그리고 다른 종교인들도 76%가 종교적인 진리는 동일하다고 응답했다고 합니다.

종교적인 진리의 동일성에 대해서 불교는 87.9%, 무종교인의 구원에 대해서도 80.7%가 찬성했고, 카톨릭은 86.2%와 72.4%가 찬성했다고 합니다.

진리는 사람들의 생각으로 변할 수 없습니다. 진리는 하나님께서 만드신 불변의 법칙입니다. 불신자들은 스스로의 힘이나 인간의 노력으로 구원받을 수 있을 것으로 생각합니다. 그러나 그것은 대단히 큰 착각입니다. 구원의 진리는 인생을 창조하신 하나님만이 인간에게 알려 주실 수 있습니다. 물론 죄로부터 구원받을 수 있는 해결책도 하나님의 방법으로만 가능한 것입니다. 그러므로 이 세상의 그 누구도 자신이 진리임을 말하지 못하였습니다.

공자나 석가, 마호메트 그리고 그 외에 수많은 종교의 창시자들도 자신을 진리라고 말하지 못했습니다. 그러나 예수님은 자신이 진리라고 말씀하셨습니다. "내가 곧 길이요 진리요 생명이니 나로 말미암지 않고는 아버지께로 올 자가 없느니라." (요한복음 14장 6절)고 말씀합니다.

진리를 발견하고 진리를 자신의 것으로 소유한 자만이 진정한 평안을 누릴 수 있습니다. "진리를 알지니 진리가 너희를 자유케 하리라." 요한복음 8장 32절의 말씀입니다. 예수 그리스도를 믿으십시오. 그러면 살아 계신 하나님을 만나게 될 것입니다. 그리고 인생의 모든 문제를 해결받을 수 있습니다.

# 가장 부유한 자

"또한 만일 네 오른손이 너로 실족게 하거든 찍어 내버리라 네 백
체 중 하나가 없어지고 온몸이 지옥에 던지우지 않는 것이 유익하
니라." (마태복음 5장 30절)

장애인들을 향한 주님의 사랑은 참으로 지극하셨습니다. 병
든 자를 향해 주님은 적극적으로 다가가셨습니다. 그리고 치료
해 주셨습니다. 그러나 영적인 장애인을 향해서는 책망과 함께
회개를 촉구하셨습니다. 하나님이 문제로 보시는 장애는 육체
의 장애가 아니라 영적인 장애입니다.

예수님께 적극적으로 다가간 사람 중에는 병든 사람이 많았
습니다. 물론 장애가 있는 것은 고통이며 아픔입니다. 그러나
장애를 극복하고 정상인보다 더 건강하게 사는 사람들도 많습
니다.

얼마 전 레나 마리아라는 스웨덴 자매가 쓴 『발로 쓴 내 인생
의 악보』라는 책을 읽었습니다. 참으로 감동 깊었습니다. 두

팔이 없고 한쪽 다리는 짧아서 정상적인 활동을 할 수 없는 선천성 장애아였지만 부모님의 도움으로 건강한 사고를 소유하게 되었고 유명한 복음성가 가수로 많은 사람의 심금을 울리고 있습니다.

세상에서의 장애보다 더 무서운 것은 마음 속에 그리스도를 모시지 못한 것입니다. 예수 그리스도를 만나지 못한다면 영원한 장애자로 살 수밖에 없을 것이기 때문입니다. 비록 육체의 장애로 고통을 당할지라도 천국에 대한 소망을 가지고 사는 자는 가장 부유한 자임에 틀림이 없습니다.

# 보이지 않는 길

"저희를 주신 내 아버지는 만유보다 크시매 아무도 아버지 손에서
빼앗을 수 없느니라." (요한복음 10장 29절)

사람은 진로를 어디로 선택하느냐에 따라 결과가 달라집니다. 만약 이 세상에서 다시 살 수 있다면 선택했던 것에서 만족을 누리지 못할 때 물건 교환하듯이 다른 것으로 바꾸면 될 것입니다. 그러나 인생은 오직 한 번뿐입니다. 그래서 최선을 다해야 하며 최선의 선택을 해야 합니다. 잠시 후에는 어두운 그림자가 다가올 것이며 삶에 대한 결산의 시간이 반드시 있기 때문입니다.

H. D 솔로는 이런 말을 했습니다. "대개의 사람은 침묵 가운데 절망적인 인생을 보낸다."

많은 사람들이 왜 그렇게 불행하고 불운한 사태에 직면하게 되는가를 알지 못해 갈팡질팡합니다. 나름대로의 돌파구를 찾습니다. 도피가 대결보다는 쉽기 때문입니다.

인생은 참으로 약한 존재입니다. 티끌 같은 존재요, 그림자, 안개, 풀과 같은 존재입니다. 이처럼 연약한 인생에게 가장 기쁜 소식은 하나님과 깊은 관계를 맺고 살 수 있다는 사실입니다. 하나님과 교제하며 살 수 있는 존재가 바로 인간입니다. 그러므로 약한 존재이지만 가장 강한 존재로 살 수가 있습니다. 하나님과 바른 관계를 맺고 산다면 인생의 결과는 반드시 아름답게 끝나게 됩니다.

요셉은 하나님과의 바른 관계를 유지하기 위해 참으로 많은 어려움을 겪었습니다. 그의 인생은 내리막길이었습니다. 끝없이 추락하는 것처럼 보였지만 알고 보니 요셉이 가는 길은 추락하는 낭떠러지가 아니라 높은 하늘을 향해서 치솟는 것이었습니다.

하나님과 바른 관계를 맺고 사는 삶 때문에 내리막으로 치닫고 있습니까? 그렇다면 겉으로 드러난 내리막 이면에는 오르막이 있음을 알아야 합니다. 인생이 크다고 우기는 것이 이 세상의 철학이라면 인생이 작고 하나님이 크신 분임을 깨닫는 것이 복음입니다. 크신 하나님께 당신의 손을 내미십시오. 그러면 하나님께서 당신을 잡아 주실 것입니다.

# 이별의 아픔보다 더 큰 보상

"형제들아 자는 자들에 관하여는 너희가 알지 못함을 우리가 원치
아니하노니 이는 소망 없는 다른 이와 같이 슬퍼하지 않게 하려
함이라 우리가 예수의 죽었다가 다시 사심을 믿을진대 이와 같이
예수 안에서 자는 자들도 하나님이 저와 함께 데리고 오시리라."
(데살로니가전서 4장 13-14절)

얼마 전 중국 여객기 추락 사고는 모든 사람의 마음을 아프
게 했습니다. 효도 여행을 다녀오던 분들, 교직에 몸담았던 분
들, 포상 휴가를 다녀오던 분들 모두 한결같이 안타까운 죽음
이었습니다.

사고 현장을 찾은 유족들의 통곡과 설움는 보던 사람들의 눈
시울을 적셨습니다. 유족들은 비에 젖은 땅을 손으로 파헤치며
가족들의 시신 조각을 하나라도 더 찾기 위해 필사적으로 몸부
림쳤습니다. 구조대원들이 타다 남은 살점과 뼛조각을 찾을 때
마다 주위로 몰려들어 우리 가족 것이 아니냐며 통곡했습니다.
자녀를 잃고 넋 나간 모습으로 허우적거리며 이곳 저곳을 다니

는 할머니, 아내의 좌석 번호를 가지고 동체의 어디쯤이냐고 묻고 다니는 남편, 아내의 유품조차 찾지 못한 남편은 술을 허공에 뿌리며 "그 동안 고마웠데이. 잘 가그라. 내도 곳 가마…."라고 말했다고 합니다.

이별의 아픔이 얼마나 사람에게 큰 슬픔인가를 알게 해 주는 사건이었습니다. 이별의 슬픔을 어떻게 보상받을 수 있습니까? 수억 원의 보험금으로도 보상받을 수 없습니다. 그러나 이별의 슬픔이 큰 만큼 만남의 감격이 있다면 그보다 더 큰 보상은 없을 것입니다.

M. Henry는 이런 말을 했습니다. "서로 관계를 맺고 있던 사람들이 헤어져야 할 경우가 생기면 비록 이 세상에서는 다시 만나지 못한다고 해도 영원한 사랑의 나라에서 다시 만날 수 있도록 사랑 가운데서 헤어질 필요가 있다."

하나님은 이별의 슬픔과 비교되지 않는 만남의 감격이 있음을 말씀하셨습니다. 죽음의 시기를 모르는 인생은 반드시 만남의 준비를 끝내고 살아야 합니다.

이 세상에서 예수 그리스도를 영접하고 하나님의 자녀가 되면 죽은 후에 천국에서 다시 만나 영원히 함께 살게 될 것입니다.

# 병든 자녀 만들기 10계명

"자식은 여호와의 주신 기업이요 태의 열매는 그의 상급이로다."
(시편 127편 3절)

부모에게 가장 중요한 존재는 자녀입니다. 자녀는 하나님이 주신 가장 위대한 선물입니다. 부모는 위대한 선물을 주신 하나님께 대한 감사와 감격을 가지고 자녀를 잘 양육해야 합니다. 그러나 자녀를 잘못 양육하는 경우는 너무나 많습니다. 미국 텍사스주의 휴스턴 경찰국에서는 자녀를 타락시키는 10가지 방법을 발표했습니다.

첫 번째, 어릴 때부터 가지고 싶은 것은 무엇이나 다 사주면 온 세상의 모든 것이 자기 것이 될 수 있다는 착각을 하며 자랄 것이다.

두 번째, 나쁜 말을 쓸 때 그냥 웃어 넘기라. 그러면 더욱 악한 말을 하게 될 것이고 악한 생각에 사로잡힐 것이다.

세 번째, 아무런 영적인 훈련과 교육을 하지 않고도 크면 잘 될 것이라고 생각하는 것은 엄청난 오해이다.

네 번째, 잘못된 품행을 내버려두면 다음에는 자동차 도둑이 되어 사회의 책망을 받게 될 것이다.

다섯 번째, 정리 정돈을 하지 않는 것을 방치하고 대신해 주라. 그러면 책임을 다른 사람에게 미루는 무책임한 사람이 될 것이다.

여섯 번째, TV프로그램이나 컴퓨터, 책, 그림 등을 마음대로 보고 읽게 내버려두면 마음은 쓰레기통이 될 것이다.

일곱 번째, 아이들 보는 앞에서 부부싸움을 자주 하라. 이 다음에 가정이 깨어져도 눈 하나 깜짝하지 않을 것이다.

여덟 번째, 용돈을 달라고 하는 대로 주어라. 그러면 삶이 썩어 가는 것을 보게 될 것이다.

아홉 번째, 요구하는 대로 다 해 주어라. 그러면 단 한 번이라도 거절을 당하게 되면 낭패에 빠지는 사람이 될 것이다.

열 번째, 언제나 아이의 편만 들어 주면 건전한 사회가 모두 그 아이의 적이 될 것이다.

자녀를 하나님께서 은혜로 주신 최대의 선물이며 상급답게 대하십시오.

# 나이아가라 폭포의 전설

"주께서 또 주의 구원하는 방패를 내게 주시며 주의 오른손이 나를 붙들고 주의 온유함이 나를 크게 하셨나이다." (시편 18편 35절)

나이아가라 폭포에는 다음과 같은 전설이 있습니다.

오래 전 폭포 주위에 살던 인디언들은 해마다 폭포의 신에게 제물을 바쳤습니다. 달빛이 환하게 비치는 밤에 폭포의 안개 위에 나타나는 무지개를 신으로 믿은 것입니다. 제물이 되는 소녀는 제비로 뽑았는데 한 번은 추장의 딸이 제비에 뽑혔습니다. 추장은 사랑하는 아내가 죽은 후에 오직 이 외동딸에게 정성과 사랑을 쏟아왔습니다.

드디어 딸을 제물로 보내는 날이 되었습니다. 제물을 배에 태워 나이아가라 폭포를 향해 출발시켰습니다. 그런데 추장의 모습이 보이지 않았습니다. 배에 올라탄 추장의 딸은 두려워하며 아빠를 찾았습니다. 그러나 아빠는 보이지 않았고 배는 나이아가라 폭포를 향해 미끄러져 내려가기 시작했습니다. 이때에 수풀 속에서 배가 다가왔습니다. 거기에는 추장이 타고 있었습니다. 추장은 배를 저어 어린 딸에게 가까이 가서 손을 꼭 잡아 주었습니다. 딸과 아빠는 손을 꼭 쥔 채로 나이아가라 폭포 속으로 사라져 갔습니다.

부모의 사랑만큼 큰 사랑은 세상에서 찾아볼 수 없습니다. 하나님의 사랑을 아버지의 사랑에 비유하는 것도 이 때문일 것입니다. 이 세상은 하나님의 사랑을 누리며 사는 자와 그 사랑에 무관심하고 거부하는 두 종류의 사람이 있습니다. 아버지의 손을 잡으며 짐스럽게 여기지 않듯이 하나님의 손은 결코 짐스럽지 않습니다. 오늘도 하나님은 당신을 향해 손을 내밀고 계십니다. 하나님의 손을 잡는 데는 오직 믿음만이 필요합니다.

# 두 아버지

"보라 그의 마음은 교만하며 그의 속에서 정직하지 못하니라 그러나 의인은 그 믿음으로 말미암아 살리라." (하박국 2장 4절)

미국의 유명한 부흥사 무디가 이런 이야기를 했습니다. 한 아들이 아파서 죽어가고 있었습니다. 아버지는 아이의 이름을 부르며 "내 아들이 죽다니"라며 통곡하고 있었습니다. 그때 아들이 아버지에게 "아버지 제 영혼을 위해 기도해 주세요."라고 말했지만 아버지는 그저 울뿐이었습니다.

하나님 없이 살던 이 아버지는 아무것도 해 줄 수가 없었고 아이는 쓸쓸하게 영원한 암흑의 실로 떠나고 말았습니다.

또 다른 아버지의 아들이 죽어가고 있었습니다. 이 아버지 역시 아들의 죽음을 보며 통곡합니다. 그때 아들이 이렇게 말합니다. "아버지 울지 마세요. 천국에 가면 저는 예수님께 '저의 아버지는 저를 예수님께 인도해 주시기 위해 무던히 애를 쓰셨답니다.' 라고 말하겠어요."

우리는 자녀들이 엄청난 가치를 품고 살도록 해 주어야 합니다. 믿음을 가지고 살도록 해 주어야 합니다.

믿음이란 예수님을 영접하는 것을 말합니다. 예수 믿는 자들과 믿지 않는 자들 모두 외모는 비슷합니다. 어떤 때는 불신자가 훨씬 잘 나가는 것처럼 보일 때도 있습니다. 그러나 질적인 면으로 보아 그 차이는 하늘과 땅의 차이가 있습니다.

예를 들어 전복이 여러 개가 있습니다. 한 개에 만 원씩 합니다. 그런데 그 중 하나의 전복이 천만 원 하는 진주를 품고 있다면 다른 전복과는 비교가 되지 않을 것입니다. 비록 진주를 품은 전복이 껍데기가 떨어지고 썩었다고 해도 그 어떤 전복과도 비교가 되지 않을 것입니다.

예수를 믿는 것은 이런 것입니다. 믿음으로 산다는 것은 이런 것입니다. 비록 지위나 명예 그리고 물질이 없어도 믿음을 가진 인생은 가장 가치 있는 인생임을 알아야 합니다. 인생 최고의 가치를 자녀들과 함께 공유하고 있습니까?

# 만남



이 세상의 삶은 만남으로 이루어집니다. 새로운 공동체에 들어갔을 때 가장 큰 기대는 만남에 대한 기대감일 것입니다. 성경에 보면 요셉이라는 인물이 나옵니다.

요셉은 세상에 태어났을 때 아버지 야곱과 어머니 라헬의 사랑을 받았습니다. 그러나 열 명의 형들로부터는 미움을 받아서 애굽으로 팔려 가는 신세가 됩니다. 애굽에서는 보디발이라는 좋은 주인을 만났지만 보디발의 아내는 좋은 사람이 아니었습니다. 보디발의 아내의 유혹을 거절한 것 때문에 감옥에 들어가게 되고, 감옥에서는 좋은 간수와 애굽의 장관을 지냈던 두 사람을 만나는데 떡 만드는 장관과 술 만드는 장관으로 이들과의 만남은 후에 요셉이 애굽의 총리가 되는 계기가 됩니다.

사람은 누구를 만나느냐에 따라 삶의 방향과 그 결과가 달라집니다. 알고 보면 만남도 하나님의 인도하심 속에 있습니다. 하나님의 인도하심을 받기를 원하면 하나님께서는 가장 좋은 만남을 주관하십니다. 그런데 문제는 사람들이 하나님께서 만남 속에 개입하시는 것을 원하지 않거나 중요성을 의식하지 않는다는 것입니다.

이번 예배당 건축을 통해 어떤 사람을 만나느냐 하는 것이 얼마나 중요한가를 더욱 절실히 느낍니다.

좋은 만남을 원하십니까? 그렇다면 인생의 주관자이신 하나님께 당신의 만남을 의탁하십시오. 그러나 인생의 좋은 만남을 의탁하기 전에 해야 할 일이 있습니다. 먼저 예수 그리스도를 만나야 합니다. 그분을 당신의 구세주로 받아들이기만 하면 인생의 모든 만남이 바뀔 것입니다.

# 살인 질주

"영생은 곧 유일하신 참 하나님과 그의 보내신 자 예수 그리스도
를 아는 것이니이다." (요한복음 17장 3절)

손해보험협회와 도로교통안전관리공단이 최근 두 대의 차를
가지고 부산과 서울까지 속도 테스트를 했다고 합니다.

부산에서 서울까지 시속 160킬로미터로 달린 승용차가 100
킬로미터로 달린 승용차보다 31분 앞서서 도착했다고 합니다.

정상으로 달린 차량이 추월 15번, 차선 변경 30번 한 데 비
해 160킬로미터의 과속 차량은 추월 376회, 차선 변경 235회
등 그야말로 살인 질주를 했다고 합니다. 연료 소모량도
48.8%나 많았습니다.

급한 성격 때문에 많은 손해를 볼 수 있습니다. 잘못하면 몇
분 빨리 가려다가 저 세상으로 몇 십 년 빨리 갈 수도 있습니
다.

오늘날의 무질서와 수많은 사고는 급한 성격 때문입니다. 과

속은 자주 하게 되면 습관이 됩니다. 법을 어기는 것을 대수롭지 않게 생각하면 그 결과는 엄청납니다. 한 개인과 가정의 생명을 위협하고 행복을 빼앗아갑니다. 세상의 법을 어길 때 이 세상에서의 행복을 빼앗긴다면 하나님의 법을 어길 때 영원한 행복을 빼앗기게 됩니다. 하나님께서 인간을 위해 주신 생명의 법을 받아들일 때 영원한 행복을 얻게 됩니다.

하나님께서는 범죄한 인간들을 용서해 주기 원하셔서 예수 그리스도를 대신 십자가에 못박아 죽이셨습니다. 이 사실을 믿고 예수 그리스도를 주인으로 영접하기만 하면 하나님이 주시는 영원한 행복을 소유할 수 있습니다. 육체적인 죽음 이후에 하나님께서 준비하신 천국에 들어갈 수 있습니다.

# 힘(POWER)

"아버지께서 내 안에 내가 아버지 안에 있는 것같이 저희도 다 하나가 되어 우리 안에 있게 하사 세상으로 아버지께서 나를 보내신 것을 믿게 하옵소서." (요한복음 17장 21절)

지금 유럽은 유로(Euro)라는 단일 화폐를 사용하고 있습니다. 유럽의 어느 나라를 가도 환전할 필요가 없이 유로화만 가지면 어디든 사용할 수 있다고 합니다.

월드컵 기간 동안 전 국민이 한 마음으로 응원한 모습은 참으로 감동적이었습니다. 월드컵 4강보다 전세계인의 마음에 더욱 깊은 감명을 준 것이 바로 붉은 티셔츠를 입고 열광하는 모습이었습니다.

하나됨의 결과는 참으로 대단합니다. 복음이 효과적으로 전파될 수 있는 첫 번째의 조건이 바로 하나되는 것입니다. 새 예배당 건축이 큰 문제없이 완공될 수 있었던 이유도 바로 성도들이 하나되었기 때문입니다. 하나되면 어떤 불가능한 일도 이

룩할 수 있습니다. 그러나 하나되지 못하면 아무리 많은 사람의 모임도 힘이 없습니다.

예수님께서도 십자가에 돌아가시기 전에 마지막으로 하신 기도가 하나되게 해달라는 기도였습니다.

하나님께서 참으로 좋은 예배당을 주셨습니다. 이제는 더욱 하나되어야 합니다. 힘들고 어려울 때는 섬기고 하나되기 쉽지만 좋은 환경에서는 요구와 권리만을 주장하기 쉽습니다. 하나되어야 합니다. 그래야 교회의 역할을 감당할 수가 있습니다. 그리고 복음을 전파할 수 있습니다. 오늘도 주님은 하나가 되기를 원하고 계십니다.

# 백만 번의 감사

"범사에 우리 주 예수 그리스도의 이름으로 항상 아버지 하나님께
감사하며" (에베소서 5장 20절)

성경에는 탕자의 이야기가 있습니다. 아버지의 사랑에 대해
감사하지 못하고 살던 아들은 아버지의 재산을 가지고 멀리 떠
나서 자기 마음대로 살다가 인생을 망치고 맙니다.

성경에는 감사가 없는 생활은 반드시 실패할 수밖에 없다고
가르치고 있습니다. 살아가면서 감사의 조건을 찾아 보면 너무
나 많습니다. 하나님은 모든 일에 감사하라고 말씀하십니다.
감사는 하나님의 뜻입니다. 하루 동안에도 감사의 제목을 헤아
려보면 말할 수 없이 많습니다. 살아 있는 자체가 감사요 행동
하는 모든 것이 감사의 제목입니다.

미국에서는 모든 책의 판권을 국회도서관에서 발부합니다.

텍사스의 한 실업인이 판권을 신청했는데 책이름이 『백만 번
의 감사』였습니다. 그 책 속에는 다른 내용은 없고 "하나님 감

사합니다."라는 말만 백만 번 기록되어 있었다고 합니다. 이 실업인은 하나님 은혜가 너무나 감사해서 백만 번의 감사를 적었고 이 책을 여러 실업인들에게 나누어 줄 생각이었다고 합니다. 그런데 국회도서관에서는 책으로서의 가치가 없다고 해서 거절했다고 합니다.

지나온 시간을 요약하면 "하나님 감사합니다."라고 표현할 수 있을 것입니다. 하나님께 대한 감사는 우리 심장의 움직임과 같이 규칙적이고 반복적이어야 합니다.

# 목적지



7월 31일부터 8월 1일까지 청년들과 함께 수련회를 다녀왔습니다. 차가 출발하여 아무 문제 없이 목적지인 통영을 향해 달렸습니다. 도착 예정 시간은 밤 열시였습니다. 그런데 경남 산청의 단성 인터체인지 교차점에 이르렀을 때 갑자기 차가 멈추어 섰습니다. 기름이 떨어진 것입니다. 알고 보니 계기판이 고장이 나서 기름 확인을 제대로 하지 못한 것이 원인이었습니다. 다행히 차가 안전선 안에서 멈추었기에 큰 위험으로부터 벗어날 수 있었습니다.

112에 신고를 한 후에 경찰차가 기름 한 말을 가지고 달려왔습니다. 기름을 넣고는 시동을 걸었습니다. 시동이 걸릴 것이라는 기대감에 모두는 소리를 치며 좋아했습니다. 그러나 시동이 걸릴 듯 하다가 다시 꺼져 버리고 말았습니다. 대형차라 기

름 한 말 정도로는 기름통의 바닥 정도밖에는 채울 수가 없어
서 차에 있는 에어(air)를 뺄 수 없기에 시동이 걸리지 않는다
는 것이었습니다. 형제들이 에어(air)를 빼기 위해 안간힘을 쓰
며 밸브를 만졌지만 1시간이 지나도 시동이 걸릴 것 같지 않았
습니다.

한밤에 고속도로를 질주하는 차들은 너무나 신나게 달리며
우리 차를 흔들었지만 우리 차는 도무지 움직일 기색을 보이지
않았습니다. 보험회사와 경찰에 다시 연락을 시도하고 한편으
로는 밸브를 만지며 차에 있는 공기를 빼는 작업을 계속했습니
다. 빨리 시동이 걸릴 수 있도록 기도했습니다.

차의 시동을 걸기 전에 운전을 맡은 형제가 엄숙하게 기도한
후 시동을 걸었습니다. 드디어 시동이 걸렸습니다. 모두 환호
성을 지르며 하나님께 감사를 드렸습니다. 고속도로 상에서 2
시간 10분을 허비하여 밤 12시에 도착지인 통영에 도착하였습
니다.

여행 중에는 전혀 예기치 않던 일도 생깁니다. 그러나 지나
고 보면 그 모든 일들이 좋은 추억으로 다가옵니다. 인생의 여
행도 이와 같다고 생각합니다. 생각지 않던 일을 만나 당황하
기도 하지만 그래도 목적지를 분명히 하고 그 목적지에 도착한
자들에게는 지나간 시간이 좋은 추억으로 남게 됩니다. 천국이
라는 분명한 목적지를 허락하신 하나님께 감사를 드립니다.

# 시간

"세월을 아끼라 때가 악하니라." (에베소서 5장 16절)

두 주 전에 고향 교회에서 목사님과 장로님들이 저희 교회를 방문했습니다. 그들은 새로 지은 예배당을 보며 하나님께 감사를 연발하였습니다. 중고등학교 때의 선배들과 그때의 집사님들은 이제 장로님으로 섬기고 계십니다. 그분들과 옛날 이야기를 나누다 보니 옛날로 되돌아가는 감회에 젖게 되었습니다. 처음 전도사 시절에 있던 교회 성도 한 분도 지금은 장로님으로 섬기고 계십니다. 기억에 남아 있는 권사님 한 분은 오랫동안 병상에 계시다가 얼마 전에 세상을 떠났다고 합니다.

시간처럼 귀한 것도 없습니다. 그러나 시간처럼 야속한 것도 없습니다. 지나간 시간은 도무지 잡을 수가 없기 때문입니다.

시간 속에서 주어지는 건강과 젊음은 축복입니다. 나이 들면 마음뿐이지 할 수 있는 것이 그렇게 많지 않습니다. 주위에 살던 어떤 분은 오늘 발인을 하는데 94세까지 살았다고 합니다. 너무 오래 병상에 있어서 돌아가시기 전에는 뼈밖에 없었다고 합니다.

하루를 시작할 때 미리 15분 정도 할 일을 정리하고 일을 시작한다면 80% 이상 낭비하는 시간을 줄일 수 있을 것입니다. 하루를 지나다 보면 별로 한 일도 없이 시간만 보냈다고 느껴지는 때가 참으로 많습니다. 긴급하지는 않지만 중요한 일에 시간을 투자하는 것이 지혜로운 시간 활용입니다. 특히 그리스도인의 가장 지혜로운 시간 활용은 경건의 시간을 가지는 것입니다.

시간은 하나님께서 인간에게 주신 보석입니다. 시간을 가진 자는 바로 보석을 가진 것입니다. 벤쟈민 프랭클린은 이런 말을 했습니다.

"만약 당신이 인생을 사랑한다면 당신의 시간을 사랑해야 한다. 당신의 인생은 시간이 만드는 것이기 때문이다."

# 추억

"영생은 곧 유일하신 참 하나님과 그의 보내신 자 예수 그리스도
를 아는 것이니이다." (요한복음 17장 3절)

초등학교 5학년 때 경주로 수학여행을 갔습니다. 그곳에서
담임 선생님과 함께 사진을 찍은 곳이 분황사 탑이었습니다.
분황사 탑은 선덕 여왕 3년(634년)에 지어졌습니다. 통일신라
이전에 세운 9층 모전탑 중에서 현재는 3층(국보 30호)만 남아
있습니다. 임진왜란 때에 왜구들이 이 탑을 반쯤 헐어갔다고
합니다. 이 탑은 바다 속의 안산암을 갈아서 쌓은 것으로 탑 속
에서는 구슬과 금은으로 된 각종 유물이 발견되기도 했답니다.
　담임 선생님이었던 배 선생님은 그 이후 지병으로 세상을 떠
나고 말았습니다. 참으로 오랜만에 다시 찾은 분황사 탑은 옛
모습을 그대로 유지하고 있었습니다. 세월은 흘러도 변함 없는
것이 자연이요 유적입니다. 그러나 사람은 변합니다. 35년이
지난 후 두 아들의 아버지가 되어 분황사 탑을 다시 찾으니 그

옛날 선생님에 대한 추억으로 감회가 새롭습니다.

고려 말의 유신이었던 길재의 시가 기억납니다.

"오백 년 도읍지를 필마로 도라드니/ 산천은 의구하되 인걸은 간듸업다/ 어즈버 태평연월이 꿈이런가 하노라." 이 내용은 "오백 년 이어온 고려의 수도 개성에 한 필의 말을 타고 돌아들어오니, 산천의 모습은 옛날과 다름이 없는데 인걸(고려의 유신)들은 간 곳이 없구나. 아! 고려 때의 태평했던 시절이 한낱 꿈이었던가 싶구나."라는 뜻입니다.

시간은 잡을 수 없습니다. 시간을 추억으로 날려보내고 앞으로 나아가야 합니다. 사람에게 가장 중요한 것은 영원한 미래를 보며 살아갈 수 있는 지혜입니다.

# 금붕어와 초코파이

"세상의 염려와 재리의 유혹과 기타 욕심이 들어와 말씀을 막아
결실치 못하게 되는 자요." (마가복음 4장 19절)

안압지는 경주박물관 길 건너편에 위치해 있습니다. 왕궁인
반월성에서 걸어서 10분 정도의 거리에 있는 인공 연못으로
당시의 호화스러운 생활을 엿보게 해 줍니다. 이곳은 1970년
에 발굴이 이루어졌습니다. 고분의 발굴에서 나온 것들과는 달
리 실생활에 쓰이던 것들이 출토되어 당시의 생활을 짐작하게
해 줍니다. 경주 박물관은 총 3만여 점의 유물 가운데 특별히
안압지관을 만들어 나무배를 비롯한 700여 섬의 대표 유물을
전시하고 있었습니다.

수학여행단으로 붐비는 이곳 경주에 여행 와서 안압지에 한
번 정도 안 가 본 사람은 없을 것입니다. 아들 진이도 이곳에는
서너 번 왔다고 하며 허리가 아파 차안에 있겠다고 해서 현이
와 아내와 함께 안압지로 들어갔습니다. 어린아이들이 즐겁게

뛰어 다니고, 신혼 여행을 온 새 신랑과 새 신부 그리고 연인들이 손을 잡고 다니는 모습이 눈에 띄었습니다.

안압지의 연못 속에는 금붕어와 잉어들이 사람들이 주는 과자를 받아먹기 위해 모여들고 있었습니다. 어떤 아이는 초코파이 부스러기를 던져 주었습니다. 물고기가 초코파이에 맛을 들이면 어떻게 될까요? 먹는 것이라고 아무것이나 주는 자들에 의해 자연의 질서는 서서히 파괴되고 있습니다. 이렇게 하찮게 보이는 일들이 결국 인류를 고통 속으로 몰아넣는 것입니다.

신앙생활도 이와 같습니다. 입에 달다고 세상이 주는 단맛에 빠지면 정작 하나님이 주시는 양식에 대해서는 입맛을 잃고 결국 병들어 죽어갈 것이기 때문입니다.

# 얼음

"네가 이같이 미지근하여 더웁지도 아니하고 차지도 아니하니 내
입에서 너를 토하여 내치리라." (요한계시록 3장 16절)

얼음은 B.C 1000년경 겨울철에 호수나 하천지역에서 얼음
을 채취하여 얼음 창고에 저장하였다가 여름철에 사용함으로
써 생활에 처음 사용하였다고 합니다.

한국에서는 506년(신라 지증왕) 지금의 경주에 석빙고(石氷庫)
를 만들어 천연빙을 보관하였다는 문헌이 남아 있으며, 창녕,
해주 지역에도 석빙고 흔적이 있습니다. 조선시대에는 건국 초
기부터 장빙 제도를 실시하여 서울에 동빙고와 서빙고를 시설
하여 천연 얼음을 저장해 두었다가 국가 행사 또는 궁중용으로
사용하거나 고급관리들에게 배급하였다고 합니다.

1875년 C. 린데(독일)와 보일(미국)은 이러한 천연빙을 이용
하여 암모니아 압축식 냉동기를 완성하였으며 1880년에 비로
소 인조 얼음이 세상에 나오게 되었다고 합니다.

우리 나라에서도 1910년에 부산에서 현대식 제빵 공장이 처음으로 건립되어 일일 생산량 45t 규모로 생산을 하기 시작하였으며, 1920년을 전후하여 마산, 통영, 목포, 원산 등지에 군소 제빵 공장이 건립되기 시작하였다고 합니다.

사람들은 차거나 뜨거운 것을 선호합니다. 미지근한 것은 별로 좋아하지 않습니다. 신앙에 있어서도 마찬가지입니다. 신앙의 중간지대는 없습니다. 어정쩡한 신앙은 아무것도 기대할 것이 없기 때문입니다. 확고한 자세로 하나님을 신뢰할 때 하나님께서도 흡족해 하십니다.

# 말

"네 말로 의롭다함을 받고 네 말로 정죄함을 받으리라." (마태복음 12장 37절)

식당에서 식사를 하고 있는데 뒷좌석에서 식사를 하던 젊은 친구들에게 연방 핸드폰이 울렸습니다. 밥을 먹다 말고 전화받고 있는 모습을 보며 입이 참 바쁘겠다는 생각이 들었습니다.

사람의 신체 중에 가장 많이 움직이는 것 중의 하나가 입일 것입니다. 말로서 사람을 웃게도 하고, 분노하게도 하며, 기쁨과 위안을 주기도 합니다.

하나님께서는 입을 통해 다른 사람에게 유익을 주기를 원하실 것입니다. 경우에 합당한 말은 듣는 사람에게 용기와 기쁨을 줍니다. 말은 깊은 물을 내보내는 샘과 같은 역할을 합니다. 그러나 무익한 말이 더 많습니다. 이웃에게 상처를 주고, 영혼을 오염시키는 더러운 말도 있습니다. 결국 아무런 덕이 되지 못하는 소용없는 말은 자신을 파괴시키고 다른 사람도 파괴시키는 독약이 될 수 있습니다.

사람은 입을 통해 엄청난 말을 토해냅니다. 하루 평균 사용하는 말로 200-300페이지에 달하는 책 한 권 정도를 만들 수 있다고 하니 평생에 얼마나 많은 말을 하는지 알 수 있습니다. 말을 할 수 있도록 정상적인 기능을 주신 하나님께 감사해야 할 것입니다. 그리고 창조주이신 하나님의 뜻에 맞게 말을 잘 사용하면 결산의 날 칭찬과 보너스를 두둑히 받게 될 것이라고 생각합니다.

# 하나님이 공급하시는 방법

"그러므로 내가 너희에게 말하노니 무엇이든지 기도하고 구하는
것은 받은 줄로 믿으라 그리하면 너희에게 그대로 되리라." (마가
복음 11장 24절)

5만 번의 기도 응답을 받았던 죠지 뮬러가 살았던 19세기 유
럽은 인본주의 철학과 자유주의적 사회 분위기 속에서 '더 이
상 신은 필요 없다'는 자만이 팽배했습니다. 뮬러는 이런 불신
앙을 목격하면서 "하나님은 과거와 지금도 역사하고 계신다."
는 것을 증거하기 위해 브리스톨의 작은 마을 애슐리타운에 고
아원을 설립했습니다.

물질적으로는 아무것도 가진 게 없던 뮬러는 기도 이외에는
의지할 데가 없었습니다. 그의 기도는 확신에 차 있었고 힘이
있었습니다. 그가 기도했을 때 전혀 알지 못했던 곳, 알지 못하
던 사람들에게서 응답이 왔고 애슐리의 고아들은 한 끼도 굶지
않았습니다. 하나님만 의지하는 사람의 승리를 직접 보여주는

데 성공한 것입니다.

뮬러는 "네 입을 넓게 열라 내가 채우리라."는 시편 81편 10절 말씀을 통해 용기와 힘을 얻었습니다.

"하나님, 제가 고아원을 하고 싶어 하는 것은 우연한 일이 아니라 하나님께서 친히 제 마음에 불러일으키신 소원임을 믿습니다. 저는 오직 당신의 종으로만 일할 뿐입니다."

뮬러는 만나와 메추라기에만 의존해 40년 간 광야의 식탁을 차렸던 구약의 이스라엘 민족처럼 처음부터 끝까지 자원하는 사람들의 성금과 성물로만 고아원을 운영하겠다고 기도했습니다.

폭우가 쏟아지던 어느 날 아침 고아원에는 먹을 수 있는 것이라곤 아무것도 남아 있지 않았습니다. 400명의 고아들과 함께 빈 식탁에 둘러 모여서 손을 맞잡고 식사 기도를 드렸습니다. 그의 기도가 끝났을 때 한 대의 마차가 고아원 문을 두드렸습니다. 그 마차에는 아침에 막 구운 빵과 신선한 우유가 가득했습니다. 인근 공장에서 종업원들을 위한 야유회에 쓰기 위해 주문했지만 폭우로 취소되자 고아들에게 보내온 것이었습니다.

뮬러는 이처럼 고아원을 운영한 65년 동안 순간순간 기적적인 주님의 공급을 체험했습니다. 그는 하나님께서는 구하는 자에게 가장 선한 것으로 주신다는 사실을 의심 없이 믿었고 그 믿음은 늘 사실로 증명되었습니다.

# 거울

"마땅히 행할 길을 가르치라 그리하면 늙어도 그것을 떠나지 아니
하리라." (잠언 22장 6절)

거울이 없다면 세상 사람들의 모습은 참으로 우습게 보일 수
밖에 없을 것입니다. 며칠 전 아내가 "거울이 없는 곳에서는
당신이 내 거울이 되어 주세요."라고 하는 말을 듣고 서로 웃
은 적이 있습니다. 사람들은 거울을 보며 매일 자신을 가꿉니
다.

거울을 보지 않는 삶은 흠이 많습니다. 이처럼 세상 사람들
은 서로에게 거울이 되어야 합니다. 가장 좋은 거울은 자신의
모습을 있는 그대로 보여 주는 거울입니다.

이 세상에서 가장 좋은 거울의 역할은 부모들이 합니다. 언
제나 잔소리 같은 말을 하지만 그 잔소리가 오늘날 우리를 성
숙한 모습으로 만들어 주었습니다. 부모님의 사랑은 거울과 같
습니다. 외적으로 세련된 패션이 거울의 영향이라면 내적인 성

숙은 부모님의 사랑이라는 거울 때문입니다. "마땅히 행할 길을 가르치라 그리하면 늙어도 그것을 떠나지 아니하리라." 잠언 22장 6절의 말씀입니다.

부모들은 자녀의 거울임을 기억하고 마땅히 행할 길을 가르쳐야 합니다. 또한 부모의 생활이 자녀의 거울이 됨을 기억해야 합니다. 아이들이 집에서 행한 부모들의 행동을 그대로 살아가면서 재현하기 때문입니다.

# 생존 경쟁

"나를 능하게 하신 그리스도 예수 우리 주께 내가 감사함은 나를
충성 되이 여겨 내게 직분을 맡기심이니" (디모데전서 1장 12절)

동물의 세계를 보면 생존 경쟁이 참으로 치열합니다. 힘이
있는 짐승은 무조건 살아남을 것 같지만 그렇지 못하다고 합니
다. 맹수의 세계에도 살아남은 맹수들은 겨우 5% 정도라고 합
니다. 먹이를 얻기 위해서도 전력 질주를 합니다. 호랑이가 얼
룩말을 공격할 때도 상대방을 얕보고 연습하는 것처럼 공격하
는 것이 아니라 온 힘을 다해 공격합니다. 상대를 얕보다가 뒷
발에 채이면 그 상처 때문에 생닝을 잃을 수도 있기 때문입니
다.

이 세상도 생존 경쟁이 치열합니다. 영적인 세계도 마찬가지
라고 생각합니다. 모든 일에 적극적으로 최선을 다해야 합니
다. 노력하고 최선을 다할 때 좋은 결과를 얻을 수 있기 때문입
니다.

우리는 주님께서 맡겨 주신 일에 대해 충성된 자세를 보여야
합니다. 호랑이가 하찮게 보이는 먹이를 잡을 때도 모든 힘과
정성을 쏟는데 하물며 하나님의 일은 어떠하겠습니까? 주님께
서 우리에게 일을 맡기시고 기대하시는 것은 다른 것이 아니라
성실함과 충성일 것입니다.

하나님은 지극히 사소하게 보이는 일에도 충성된 자에게 큰
일을 맡기십니다. 하나님은 충성된 자에게는 일을 맡기고 싶어
하십니다. 그리고 성령의 사람은 충성합니다.

"지극히 작은 것에 충성된 자는 큰 것에도 충성되고 지극히
작은 것에 불의한 자는 큰 것에도 불의하니라." 누가복음 16장
10절의 말씀입니다.

사도 바울 역시 충성된 사람이었습니다. 디모데전서 1장 12
절에서 "나를 능하게 하신 그리스도 예수 우리 주께 내가 감사
함은 나를 충성 되이 여겨 내게 직분을 맡기심이니"라고 말씀
하고 있습니다.

지난 시간들을 돌이켜 보며 새롭게 다가올 시간에 대해 충성
을 결단해야 할 것입니다.

# 삶의 목적

"그러므로 내가 달음질하기를 향방 없는 것같이 아니하고 싸우기
를 허공을 치는 것같이 아니하여" (고린도전서 9장 26절)

1903년 6월 21일 미국 미시시피주 세인트루이스에서 한 남아가 태어났습니다. 12세에 뉴욕으로 이주한 그는 이후 미국의 전설적인 삽화가가 되었습니다. 1920년대 말 뉴욕 타임스에 입사하여 70년을 예술 분야의 삽화가로 활동했습니다. 예술가들은 그로부터 삽화가 그려지는 것을 영광으로 여겼습니다. 이는 모자에 깃털을 다는 것처럼 그가 삽화로 그리기만 하면 거의 대 스타로 성공했기 때문입니다. 그는 1996년 영화 '화선의 왕'의 실제 주인공이 되기도 하였습니다. 이 영화는 아카데미상 후보에 오른 다큐멘터리였습니다. 그는 1월 2일 향년 99세의 나이로 세상을 떠났습니다. 그는 말년에 "내게 관심이 있는 일이 없었다면 나는 매우 지루했을 것이다. 나는 일주일에 7일을 일했으며 일을 사랑했다."고 말했습니다. 그가

바로 전설적인 삽화가 '앨 허쉬필드'였습니다.

한 사람의 생명은 천하보다 귀하다고 했습니다. 하나님께서 이유 없이 생명을 주지 않으셨기 때문입니다. 세상의 발명자들도 목적 없이 제품을 만들지 않는데 하물며 하나님께서 생명을 주신 이유를 발견하지 못한다면 얼마나 안타까운 일일까요? 자신이 추구하는 목적이 아닌 하나님께서 원하시는 목적을 발견했다면 그 일은 반드시 생명을 걸어야 할 일입니다. 당신은 오늘 살아야 할 이유를 알고 있습니까?

# 한 사람

"이 사람들이 다 믿음으로 말미암아 증거를 받았으나 약속을 받지 못하였으니 이는 하나님이 우리를 위하여 더 좋은 것을 예비하셨은즉 우리가 아니면 저희로 온전함을 이루지 못하게 하려 하심이니라." (히브리서 11장 38~39절)

미국의 주간지 『타임』은 해마다 올해의 인물을 선정합니다. 타임지에 선정된 수많은 인물들이 있습니다. 1938년에는 히틀러, 1940년에는 처칠, 1941년에는 루우즈벨트, 1942년에는 스탈린, 2001년에는 9 · 11 테러 사건에서 지혜롭게 일을 처리한 줄리아니 뉴욕 시장이 선정되었습니다. 이들은 세상을 좋은 방향이나 나쁜 방향으로 이끈 사람들입니다. 세상에서 영향력을 끼친 사람들입니다. 한 사람의 힘은 미약할 수도 있고 엄청난 결과를 가져올 수도 있습니다. 그래서 한 사람은 중요합니다.

성경에는 수많은 신앙 인물들이 나옵니다. 그들이 처음에는 미약하고 도무지 불가능하게 보였지만 엄청난 일을 이루었습니다. 애굽에 종으로 팔려간 요셉은 앞날이 암흑과 같이 보였지만 애굽의 총리가 되는 기적 같은 일을 이루었습니다. 목동 다윗은 수많은 난관을 헤치고 이스라엘의 기초를 내렸습니다.

모든 사람을 향한 하나님의 뜻이 있습니다. 그 뜻에 초점을 맞추고 사는 사람은 고통과 좌절 속에서 하나님의 뜻을 보게 됩니다.

찰스 스펄전은 우리의 고통과 아픔이 하나님의 능력과 은혜를 나타내는 통로라고 말했습니다. 누군가 이런 말을 했습니다. "으깨진 향료가 더 진한 향기를 발한다."

하나님을 만나면 고통을 통해 더 큰 일을 이루시는 하나님의 뜻을 알게 됩니다. 여러분의 삶도 하나님의 뜻에 초점을 맞추면 어떤 고통과 어려움도 깨닫게 해 주실 것이며 이길 수 있는 힘을 주실 것입니다.

당신도 하나님의 뜻 안에 있는 한 사람임을 아십니까?

# 닮은꼴

"그러므로 너희가 그리스도와 함께 다시 살리심을 받았으면 위엣 것을 찾으라 거기는 그리스도께서 하나님 우편에 앉아 계시느니라." (골로새서 3장 1절)

사람들은 모방을 잘합니다. 자녀들은 대부분 부모를 닮습니다. 그리고 주위의 존경하는 사람이나 사랑하는 사람들을 자신도 모르는 사이에 닮아갑니다.

22년 전 전도사 초년병 때의 일입니다. 거제에 있는 한 교회에서 중고등학생 수련회가 있었습니다. 거제 장목이라는 지역이었는데, 그 교회를 섬기는 담임 전도사님의 설교 시간이었습니다. 그런데 그 설교의 시작과 함께 저는 한국의 유명한 목사님의 설교를 듣고 있는 것으로 착각할 정도였습니다. 내용보다도 그분의 음성과 제스처가 완전히 여의도순복음교회 조용기 목사님과 너무나 똑같았기 때문입니다. 특이한 액센트와 억양이 거의 같았습니다. 그래서 "저분이 조 목사님을 대단히 존경

하는 모양이다."라는 생각을 했습니다.

요즘 대통령 당선자 흉내내는 개그가 아주 화제라고 합니다. 코미디 프로인 '봉숭아 학당' 이라는 프로그램에 노 통장으로 등장하는 개그맨이 있는데 서른 살의 김상태라는 주인공이라고 합니다.

1999년에 개그맨으로 방송국에 입사를 했지만 빛을 보지 못했는데 이번에 노 당선자의 연설 자료 비디오를 보면서 2개월 동안 연구를 했다고 합니다. 신문 타이틀에 이렇게 쓰여진 것을 보았습니다. "맞습니다. 맞고요, 감사합니다. 감사하고요." 마른 체구인 이 개그맨은 분장과 몸의 체구까지도 대통령 당선자와 비슷한 모습을 보여 주기 위해 노력하고 있다고 합니다.

대통령 당선자와 비슷한 흉내만 내어도 이렇게 스타가 된다면, 그리스도인들이 예수님을 닮아간다면 얼마나 대단할까요? 여러분은 주님을 닮기 위해 얼마나 노력하고 있습니까?

# 복권 광풍

"우리가 너희와 함께 있을 때에도 너희에게 명하기를 누구든지 일하기 싫어하거든 먹지도 말게 하라 하였더니" (데살로니가후서 3장 10절)

2003년 2월 6일 하루 로또 복권 판매액이 420억 원을 기록했다고 합니다. 만약 복권 1등에 당첨되면 900억 원을 탈 수 있다고 합니다. 직장이나 학교 어디서든지 사람들이 모이는 곳에서는 온통 복권 이야기라고 합니다. 직장인 가운데 39%가 복권 대박을 꿈꾼다고 합니다. 사람들 가운데는 1등에 당첨되어 900억 원을 타는 것보다는 2등에 당선되어 100억 이내로 타는 것이 낫다고들 이야기한다고 합니다. 만약 1등에 당선되면 안 되는 이유는 이렇다고 합니다.

첫 번째, 수백 억을 가지고 살면 어디를 가도 안전하게 살 수 없고 갖은 폭력과 협박에 시달리기 때문이다.

두 번째, 지금까지 살던 인생이 모두 뒤죽박죽이 되어 엉망이 될 것이다.

세 번째, 돈이 너무 많아 관리를 위해서도 평생 고민하며 살 수밖에 없을 것이다.

복권에 당첨될 확률은 교통사고로 죽을 확률과 벼락에 맞아 죽을 확률보다 낮다고 합니다. 1등에 당첨될 확률은 814만 5천 60분의 1이며, 2등 당첨 확률은 135만 7,510분의 1이라고 합니다.

몇 년 전 미국을 방문했을 때, 많은 미국의 노동자들이 복권을 사서 일확천금을 꿈꾸며 산다는 이야기를 들었습니다. 우리나라도 복권 열풍에 휩싸였습니다. 복권 당첨을 소망 삼고 산다면 참으로 큰 일이 아닐 수 없습니다. 땀 흘려 열심히 살아가고자 하는 사람이 없을 것이며 이 나라의 모든 산업은 마비되고 말 것입니다.

사람은 땀을 흘리고 노력하며 살아야 합니다. 삶의 보람은 할 일이 있고 주어진 일에 최선을 다할 때 누릴 수 있습니다. 하나님께서 사람들에게 일을 주신 것은 자신 뿐 아니라 이웃을 향한 섬김의 삶을 살도록 하신 것입니다.

하나님은 사람들에게 따끔하게 질책하셨습니다. "우리가 너희와 함께 있을 때에도 너희에게 명하기를 누구든지 일하기 싫어하거든 먹지도 말게 하라 하였더니" 데살로니가후서 3장 10절의 말씀입니다.

# 죽음의 형태

"예수께서 가라사대 내가 곧 길이요 진리요 생명이니 나로 말미암
지 않고는 아버지께로 올 자가 없느니라." (요한복음 14장 6절)


사람들은 자신이 어떻게 죽을 것인지 모릅니다. 신문에는 매일 죽어 가는 사람들의 내용이 실립니다. 이번 주간에 기사에 실린 내용입니다.

1. 콜롬비아호가 귀환 도중 공중 폭발하여 7명의 우주인이 산화하였습니다.

2. 목욕탕에서 이발사로 일하던 조모씨(56세)가 오후 11시께 욕탕에 물을 채우다가 빠져서 전신에 화상을 입고 입원했으나 사망하고 말았습니다.

3. 비만을 고민해 오던 27세의 간호사가 살을 빼기 위해 지방 흡입술을 받던 중 호흡 곤란과 심장 이상 증세로 사망했습니다.

4. 어머니를 정성껏 모시던 중 생활고를 견디지 못해 어머니와 동반으로 양화대교에 투신 자살했으나 아들 이씨(39세)만 살았다고 합니다.

죽음을 맞는 대부분의 사람들은 죽음을 예상하지 못한 상태에서 갑자기 죽음을 맞이하게 됩니다. 이처럼 죽음은 자신의 뜻대로 되지 않습니다. 어떤 형태의 죽음이 다가올지는 아무도 모릅니다. 그러므로 죽음 이후를 미리 준비하는 것이 지혜일 것입니다. 이 세상은 죽음 이후의 새로운 세계를 잘 준비하기 위해 사는 것입니다. 문제는 이 세상만을 위해 사는 것입니다. 좋은 축구 선수는 공을 받기 전에 골대와 공을 패스해야 할 자리를 미리 본다고 합니다.

이 세상에서 삶을 준비하지 못한 자에게는 죽음이 심판이지만 미리 죽음을 준비하고 천국 비자를 받은 자들은 영생을 얻게 됩니다. 하나님은 육체적인 죽음 이후에 대해 성경을 통해 가르쳐 주셨습니다. 심판을 피하고 구원받을 수 있는 길을 미리 알려 주신 것입니다. 예수님을 믿으면 됩니다. 이것이 하나님께서 가르쳐 주신 유일한 방법입니다.

# 영원한 봄

"나의 영혼아 잠잠히 하나님만 바라라 대저 나의 소망이 저로 좇
아나는도다." (시편 62편 5절)

프랑스 시인이며 소설가인 V. Hugo는 인생을 영원한 봄으
로 묘사하고 있습니다. "겨울이 내 머리 위에 있지만 영원한
봄은 내 가슴 속에 있다. 마지막에 다가갈수록 나는 다가올 세
계의 불멸의 교향곡 소리를 더욱 뚜렷하게 듣게 된다. 반세기
동안 내 생각을 시와 산문으로 표현했지만 나는 내 안에 있는
생각의 일천 분의 일도 표현하지 못했다. 내가 무덤에 내려가
는 날 비로소 하루를 마치게 된다. 그러나 다음날 아침 새로운
날을 시작하게 된다. 인생은 황혼의 막을 내리지만 새벽과 함
께 새로운 막을 열게 된다."

사람들은 인생을 각자 나름대로 생각하고 표현할 수 있습니
다. 인생을 절망적으로 볼 수도 있고 낙관적으로 볼 수도 있습
니다. 만약 자신이 하나님인 양 착각하며 산다면 그 인생의 결

국은 절망이요 실패입니다. 그러나 인간을 창조하신 하나님의
뜻대로 살아가는 자는 오늘이 비록 한 겨울이라고 해도 봄의
소리를 듣고 사는 영원한 소망을 가진 사람입니다.

# 가정 폭력

"마른 떡 한 조각만 있고도 화목 하는 것이 육선이 집에 가득하고
다투는 것보다 나으니라." (잠언 17장 1절)

내일을여는가정폭력상담소에서 조사한 내용을 보면 한해 동
안 상담한 1,390건 중 아내 구타가 1,053건이나 된다고 합니
다. 가정 폭력은 신체적인 손상 외에 정신적으로나 심리적으로
큰 상처를 입힙니다. 특히 자녀들이 받는 고통은 상상을 초월
합니다.

자녀들은 부모의 다툼과 폭력의 현장을 보는 것만으로도 대
단히 큰 스트레스를 받게 됩니다. 그 스트레스는 분노와 깊은
상처로 자리잡아 한평생의 삶에 어두운 그림자를 드리웁니다.

하나님께서 직접 만드신 공동체인 교회와 가정은 주님께서
함께 하십니다. 그러므로 가정은 행복하고 축복된 곳입니다.
주님께서 계시는 가정은 모든 심장이 주님과 함께 뛰어야 합니
다. 가정은 기쁨의 중심지입니다.

좋은 가정을 만드는 것은 좋은 인테리어가 아닙니다. 그리고 재산과 지식이 아닙니다. 그것은 서로가 서로를 위하는 마음입니다.

좋은 가정은 자기의 고집대로 하지 않고 남녀 관계가 문란하지 않으며 잘못을 탓하기 전에 자신을 돌아보는 가정입니다.

세상의 가장 기본 공동체요 중요한 공동체인 가정이 세상을 바꿉니다. 가정이 건강하면 세상도 건강해집니다.

하나님께서는 어떤 경우에도 부부간에 폭력을 허락하신 적이 없습니다. 부부는 사랑으로 서로를 섬겨야 합니다.

# 가장 중요한 것

"사랑하는 자여 내 영혼이 잘됨 같이 네가 범사에 잘 되고 강건하기를 내가 간구하노라." (요한삼서 1장 2절)

런던호가 영국 해안에서 침몰 당했을 때의 이야기입니다. 배가 이미 침몰하여 가망이 없는 상태가 되었을 때 한 여행자가 물에 잠긴 선실로 내려가 자기의 트렁크를 찾아서 갑판 위로 올라왔습니다. 그는 숨을 헐떡이며 만족한 표정으로 트렁크를 바라보았습니다. 이 모습을 바라보던 선장은 고개를 저었습니다. 트렁크는 구했지만 이제 곧 밀어닥칠 죽음에 대한 염려는 하지 않는 모습이 참으로 안타까웠기 때문입니다.

사람에게 가장 중요한 것은 영혼입니다. 그러므로 영혼을 잃어버리고 살면서 다른 것으로 만족한다고 해서 행복을 누릴 수는 없습니다.

"모든 별이나 하늘이나 땅이나 모든 나라들도 영혼 하나보다 낫지 못하다." 파스칼의 말입니다.

당신에게도 영혼이 있습니다. 이 사실을 깨닫지 못하고 살지
는 않습니까? 하나님과의 교제는 육체가 아니라 영혼을 통해
서 합니다. 그래서 하나님은 당신의 영혼의 상태에 관심이 있
습니다. 영혼이 잘 되지 않고는 그 어떤 복도 일시적인 그림자
에 불과함을 알아야 합니다.

# 어이없는 죽음

"모든 눈물을 그 눈에서 씻기시매 다시 사망이 없고 애통하는 것
이나 곡하는 것이나 아픈 것이 다시 있지 아니하리니 처음 것들이
다 지나갔음이러라." (요한계시록 21장 4절)

　대구 지하철 방화 참사는 온 국민에게 충격과 아픔을 주었습니다. 가슴아픈 사연도 많았습니다. 직접 이런 일을 당한 사람은 도무지 믿어지지 않을 것입니다. 정말 꿈같은 일이 아닐 수 없습니다. 자식의 죽음에 통곡하며 좋은 곳에 가기만을 바랄 뿐이라고 절규하는 유가족의 모습은 참으로 안타까웠습니다.

　한국기독학생회 허 현 간사는 동료 간사인 강지현 간사에게 휴대전화를 걸어 "지현아 나 지금 죽어가고 있어, 기도해 줘. 숨을 쉴 수가 없어."라고 말한 뒤 소식이 끊어졌다고 합니다. 29년 간의 짧은 삶은 부모와 주위의 사람들에게 아픔을 안겨 주었습니다. 대학 때 복음을 받아 이제 간사로 대학 후배들에게 복음을 전하게 되었는데 그에게는 뜻밖의 죽음이 찾아온 것입니다.

지금도 불의의 사고로 많은 사람들이 죽어 가고 있습니다. 이 세상은 안전한 곳도 영원히 살 수 있는 곳도 아닙니다. 단지 잠깐 동안의 행복만을 추구하고 살아갈 뿐입니다. 이 세상에서의 삶은 백년 이내의 삶입니다.

하나님께서 준비하신 영원한 세계가 있습니다. 그곳은 천국입니다. 이 세상과 전혀 다른 곳입니다. 죄 때문에 고통스러워할 필요도 없고 생활고로 염려할 필요도 없으며 병 때문에 아파할 필요도 없습니다.

예수님은 많은 사람을 아버지 집인 천국으로 인도하기 위해 인간의 죄를 대신 담당하셨습니다. 십자가에서 처참한 죽음을 당하신 것입니다. 하나님께서는 죄인인 인간이 천국 갈 수 있는 길을 열어 놓으신 것입니다. 천국 갈 수 있는 자격은 자신이 죄인임을 인정하고 예수님을 믿기만 하면 됩니다. 예수님을 믿으면 이 세상에서의 인생이 끝나는 그 날부터 영원한 처소인 천국에서 주님의 위로를 받으며 영생을 누리게 될 것입니다.

# 기도와 사람

"너희가 전심으로 나를 찾고 찾으면 나를 만나리라." (예레미야 29장 13절)

이번 특별 새벽 기도회를 통해 많은 하나님의 은혜를 체험했습니다. 제 개인적으로는 말씀을 준비하며 하나님의 뜻을 새롭게 되새기는 기회가 되었습니다. 그리고 올 한 해의 사역을 위한 기도회였기에 기대감을 가지고 참여했습니다. 예전과 다르게 많은 성도들이 참여한 것이 더없이 기쁘고 감사의 제목이 되었으며 큰 위로가 되었습니다. 새벽기도 첫날 230여 명이 참석했고 거의 끝날 때까지 매일 200여 넝 성도 참석하였습니다. 평소 기도하지 못하던 분들도 많이 참여하였습니다. 합심한 기도이기에 우리가 기대한 것보다 훨씬 좋은 결과로 하나님께서 응답해 주실 것을 확신합니다.

하나님은 모든 그리스도인들이 기도의 맛을 아는 사람이 되기를 원하실 것입니다. 링컨은 기도의 사람이었습니다. 대통령

에 당선되어 고향 스프링필드를 떠나던 날 많은 사람들이 기차
역에서 환호하자 눈시울을 적시며 작별 인사를 나눈 후 이렇게
부탁했습니다. "사랑하는 여러분! 저는 스프링필드에서 여러
분 덕분에 많은 것을 얻었습니다. 우리 모두는 하나님의 도우
심 없이는 결코 성공할 수 없습니다. 저는 이 자리를 떠나면서
여러분이 저를 위해 기도해 주실 것을 부탁드립니다 … ."

링컨은 남북 전쟁시 최전방 막사에 머물면서 조용히 기도하
는 일을 쉬지 않았습니다. 그가 기도하는 시간에는 막사 입구
에 하얀 손수건이 걸려 있었습니다. 하나님과 만나고 있는 시
간이기에 아무도 만날 수 없다는 표시였습니다.

링컨은 참으로 많은 것을 이룬 위대한 지도자였습니다. 이
모두는 그의 겸손한 기도에서부터 시작된 것입니다.

# 링컨과 성경

"이 율법 책을 네 입에서 떠나지 말게 하며 주야로 그것을 묵상하여 그 가운데 기록한대로 다 지켜 행하라 그리하면 네 길이 평탄하게 될 것이라 네가 형통하리라." (여호수아 1장 8절)

『백악관을 기도실로 만든 대통령 링컨』이란 책은 참으로 많은 도전과 감명을 주었습니다. 먼저 그는 독서의 사람이었습니다. 어린 시절 링컨이 소유한 책은 4권이 전부였습니다. 그러나 그 책들은 인생의 큰 틀을 잡아 주었습니다.

먼저는 하나님의 말씀인 성경이었습니다. 성경을 통해 인생은 연약한 존재이며 하나님의 도움이 필요한 존재임을 깨닫게 되었습니다.

두 번째의 책은 『워싱턴 전기』로 대통령에 대한 그림을 그렸고 워싱턴의 정직과 조국에 대한 충성심을 배웠습니다.

세 번째 책인 『천로역정』을 통해서는 천국을 사모하게 되었으며 그리스도인의 삶 속에도 많은 장애물이 있다는 사실을 배웠습니다.

그리고 마지막 책인 『이솝우화』를 통해서는 지혜와 풍부한 상상력 그리고 재치를 배울 수 있었습니다.

특히 링컨의 전 생애를 이끌어 주었던 것은 하나님의 말씀이었습니다. 링컨은 이미 말씀 묵상의 모델을 보여 주었습니다.

하나님 말씀대로 살았던 미국 대통령 4명의 얼굴이 러슈모어산에 조각되어 있습니다. 그들은 한결같이 하나님의 말씀인 성경의 인도를 받았던 사람들입니다. 그들은 이 사실을 이렇게 말했습니다.

워싱턴(1대) – "하나님과 성경을 모르고 바른 정치를 하는 것은 불가능하다."

제퍼슨(3대) – "하나님의 말씀인 성경은 인간에게 주신 가장 유익한 도덕률이며 이 나라는 성경의 기초 위에 서 있다."

링컨(16대) – "성경은 하나님께서 인간에게 주신 최대의 선물이다."

루즈벨트(26대) – "자기 인생을 참되게 살고자 하는 사람은 성경을 주의 깊게 연구하라. 하나님의 말씀대로 살아가는 자는 지혜로운 삶을 살았고 많은 사람들의 존경을 받았다."

# 자리 이탈

"여호와 하나님이 아담을 부르시며 그에게 이르시되 네가 어디 있느냐 가로되 내가 동산에서 하나님의 소리를 듣고 내가 벗었으므로 두려워하여 숨었나이다." (창세기 3장 9-10절)

하나님께서 인간에게 주신 자리를 이탈할 때 인간에게는 고통이 다가옵니다. 자리 이탈의 이유는 죄와 밀접한 관계가 있습니다.

최초의 범죄자 아담과 하와는 선악과를 따먹은 후에 그들이 있던 자리를 이탈하였습니다. 동산 나무에 숨었고 벗은 것에 대한 부끄러움으로 무화과나뭇잎으로 치마를 만들었습니다. 하나님과 가능하면 멀리 떨어진 곳에 자리하기를 원했습니다.

사람들은 마음에 거리낌이 있으면 눈을 피합니다. 그리고 가능하면 먼 자리에 앉기를 원합니다. 그러나 하나님은 우리와 가까이 하시고 사랑의 마음으로 얼굴을 마주 보기를 원하십니다.

제 나름대로 목회 22년 동안 자리에 대해 발견한 법칙이 있습니다. 대부분의 사람들은 맨 처음 앉은 자리를 고수하려고 합니다. 처음 앞에 앉은 자는 항상 앞자리에, 뒤에 앉은 자는 뒷자리를 고수합니다. 이것은 성격에 따라 그리고 신앙의 연륜이나 그 상태에 따라 영향을 받습니다. 그리고 평소에 앉던 자리를 바꿀 때는 이유가 있는 경우가 많습니다. 뒤에서 앞으로 오는 것은 좋은 현상이지만 앞에서 뒤쪽으로 자리를 옮기는 것은 좋지 못한 일이 생긴 경우가 더 많습니다. 자리 이동은 외적인 환경과 내면의 영적인 상태에 의해 조종을 받는 것입니다.

혹시 여러분 중에도 예전에 자주 앉던 자리에서 옮겨 앉았다면 그 이유를 살펴보십시오. 대부분 무의식적으로 행동하지만 알고 보면 이유가 있는 경우가 많습니다.

중요한 것은 우리가 하나님께 가까이 가야 한다는 사실입니다. 인생이 하나님과 멀어지면 고독해지고 두려워집니다. 자리를 이탈해서는 안됩니다. 오늘도 하나님께서는 아담을 부르신 것처럼 우리를 부르고 계십니다. "네가 어디 있느냐?" 빨리 제자리로 돌아가십시오.

# 번식의 법칙

" … 진실로 너희에게 이르노니 너희가 만일 믿음이 한 겨자씨만 큼만 있으면 이 산을 명하여 여기서 저기로 옮기라 하여도 옮길 것이요 또 너희가 못할 것이 없으리라." (마태복음 17장 20절)

이 세상에는 한 쌍 또는 소수에서부터 많은 수로 불어난 동물들의 구체적인 예가 많이 보고되고 있습니다. 하와이에 전해진 바위 캥거루와 고대 로마인들에 의해 전해진 토끼, 바하마에 전해진 아메리카 너구리, 캘리포니아에 전해진 고라니, 일 하스트 섬에 전해진 양, 미국에 전해진 사향뒤주, 남아메리카의 넓은 초원에 살고 있는 유럽산 말, 유럽에 전해진 중국산 꿩 등이 한 쌍 또는 소수에서부터 시작되었다고 합니다.

이처럼 번식은 하나님께서 만드신 법칙입니다. 그렇다면 그리스도인들도 모든 분야에서 번식의 법칙이 적용되어야 합니다. 예수님께서도 열두 사도를 통해 온 세상에 복음을 전파하셨습니다.

우리가 행하고 있는 모든 것에 번식의 법칙이 적용되고 있다면 이 세상은 미래가 있는 세상이라고 말할 수 있습니다. 전도의 열매, 섬김의 열매, 기도의 열매를 통한 엄청난 번식을 기대할 수 있습니다.

그리고 마음에 말씀의 씨앗이 뿌려지면 그 열매는 참으로 풍성합니다. 그러나 단 한 순간 방심하면 사탄이 우리의 마음 속에 악의 씨를 뿌리고 갈 수 있습니다. 마음은 무궁무진한 것을 번식시킬 수 있는 기막힌 밭입니다.

매일 말씀을 통해 믿음의 씨앗을 뿌리면 인생의 풍성한 열매를 맛보며 살아갈 수 있을 것입니다.

# 왕궁의 꽃



어떤 가난한 여인이 왕궁에 있는 아름다운 꽃을 아픈 딸에게
선물하려고 왕궁의 정원사에게 왕궁에서 자란 아름다운 꽃을
팔라고 요구했습니다. 이 말은 들은 정원사는 매우 화를 내며
여인을 쫓아냈습니다. "왕궁 안의 꽃은 팔기 위한 꽃들이 아닙
니다." 그때 정원을 지나던 왕이 우연히 이 광경을 보고는 여
인에게 말했습니다. "왕궁 안의 꽃은 결코 팔지 않습니다. 그
러나 선물로 줄 수는 있습니다."

이처럼 하나님께서는 인간에게 주실 수 있는 최고의 은혜인
구원을 결코 어떤 대가를 받고 팔지 않으십니다. 오직 선물로
사람들에게 주실 뿐입니다. 예수 그리스도를 믿는 자에게는 값
없이 공짜로 선물로 주십니다. 예수님께서는 인간의 죄를 대신

젊어지고 십자가에서 말할 수 없는 고통을 당하시고 돌아가셨습니다. 그리고 삼일만에 다시 살아나셨습니다. 이 사실을 믿기만 한다면 누구든지 구원을 선물로 받을 수 있습니다.

# 주일

"… 너희에게 복음을 전하는 것은 이 헛된 일을 버리고 천지와 바다와 그 가운데 만유를 지으시고 살아 계신 하나님께로 돌아 오라 함이라." (사도행전 14장 15절)

주일만 되면 교회 앞에 노점상들이 몰려오는 교회가 있었습니다. 주일 예배 후에 나오는 교인들로 인해 수입이 많았기 때문입니다. 이들은 주일이 되기만을 기다렸습니다. 그리고 주일이 되면 기대감을 가지고 예배가 끝나기만을 기다렸습니다.

그리스도인들이 주일에 물건을 사는 것은 불신자들이 주일에 장사하도록 유도하는 것이 됩니다. 결국 그들이 주일에 쉬는 것과 교회 나오는 것을 방해하는 결과를 가져옵니다. 복음을 전해서 한 영혼이라도 주님께 나오기를 원한다면 주일에 물건을 사는 것을 자제해야 합니다.

과거에는 무조건적이고 율법적인 자세로 임했다면 이제부터는 은혜의 복음을 전하는 자로 적극적으로 기쁨으로 주일을 지켜야 하겠습니다.

많은 그리스도인들은 불신자들이 주님을 만나는 것을 방해하고 있습니다. 아흔 아홉 마리 양의 편의를 위해 잃은 한 마리 양을 바쁘게 만들어서 교회에 나오지 못하도록 만들어서는 안 될 것입니다.

물론 병이나 위급한 경우 그리고 주님의 일을 하기 위해서 여러 가지 이유는 있을 수 있습니다. 그러나 아무리 합당한 이유라고 해도 내 편의를 위함인지 아니면 진정 하나님의 뜻을 좇기 위함인지를 생각해 보아야 합니다.

그리스도인들의 자기 중심의 사고와 우유 부단함 그리고 은혜의 복음이라는 핑계 때문에 주일에도 쉬지 못하고 일하는 사람들이 얼마나 많습니까? 어쩌면 그들은 한평생 주일의 맛을 모르고 살아갈지도 모릅니다.

천만 명이 넘는다는 그리스도인들이 주일 성수를 철저하게 한다면 많은 사람들이 하나님께로 나올 수 있는 기회를 만들어 준다는 사실을 깨달아야 합니다. 주일을 율법적으로 지키는 것은 문제이지만 은혜의 복음을 발견했다는 이유로 불신자와 믿음이 약한 자들에게 하나님과 멀어지도록 하는 것은 더 큰 문제가 됩니다. 이 사실을 알고 주일을 철저하게 지킨다면 우리가 사랑하는 이웃과 자녀 모두에게 유익이 될 것입니다. 하나님 앞에서의 한 사람의 바른 자세와 철저함은 결국 모두에게 은혜의 복음을 체험하도록 할 것입니다.

# 위대한 국가

"나라와 권세와 온 천하 열국의 위세가 지극히 높으신 자의 성민 에게 붙인 바 되리니 그의 나라는 영원한 나라이라 …." (다니엘 7 장 27절)

지금까지 세상을 지배한 19개의 문명 가운데 16개가 내부의 부패로 몰락했습니다. 외부의 공격은 오히려 더 강해진 경우가 많았습니다.

프랑스의 정치가이며 역사가인 또끄비유가 미국을 방문하고 다음과 같은 글을 썼습니다.

"나는 미국 방문을 통해 미국의 위대성을 발견하려고 했습니다. 미국의 항구, 비옥한 토지, 광산이나 상업이 번창하고 있는 곳에서는 내가 찾고 있는 것들이 없었습니다. 적어도 내가 미국의 한 교회에 가서 예배를 드리기 전까지는 미국의 위대한 힘이 무엇인지 이해하지 못했습니다."

국민들의 하나님을 향한 태도를 통해 국가의 힘을 가늠해 볼 수 있습니다.

국가 간의 전쟁, 국가적인 위기 가운데서 하나님을 향해 바른 태도와 간절함을 가지고 있다면 그것은 곧 국가를 살리는 힘이 될 것입니다.

북한의 핵은 정말 큰 문제입니다. 그러나 국가를 위해 기도하지 않고 하나님 앞에서 바른 삶을 살지 않는다면 이것이 더 큰 문제일 것입니다.

# 우울증

"항상 기뻐하라 쉬지 말고 기도하라 범사에 감사하라 이는 그리스
도 예수 안에서 너희를 향하신 하나님의 뜻이니라." (데살로니가
전서 5장 16-18절)

얼마 전 서울 명문 사립대학 화공과 김모(54세) 교수가 자신
의 연구실에서 독극물을 마시고 자살했다고 합니다. 지난해
10월에는 서울의 모 유명병원 이비인후과 김모(42세) 교수가
같은 병원 정신과 의사로부터 "증세가 심각하니 즉시 입원하
라."는 말을 듣고 입원 하루 전에 자살했다고 합니다.

이처럼 우울증으로 자살하는 사람의 숫자가 한해에 5000명
을 웃돌고 있습니다. 자살하는 사람들 중에는 엘리트 계층의
사람들도 많이 있다고 합니다.

우울증은 뇌에서 기분을 조절하는 물질의 활성도가 떨어지
면서 발생하는 정신질환으로 전 국민의 5% 정도가 환자로 추
정된다고 합니다.

1999년 부천 시내 중·고생 2,200명을 대상으로 조사한 결과 남학생 17.4%, 여학생 20.6%가 우울증 증세가 있는 것으로 조사되었습니다.

우울증에 걸리면 나는 쓸모 없는 사람이라고 자책하면서 불면증, 폭식, 거식증, 면역기능 약화 등과 같은 신체 증상이 나타난다고 합니다.

저는 23년 간의 목회 사역 가운데 우울증에 걸렸던 사람들이 예수 그리스도를 인격적으로 영접하고 한결같이 기쁨과 확신 속에 사는 모습을 보았습니다.

예수님을 믿는다는 것은 하나님의 가장 귀한 자이며 지극히 사랑 받는 자녀가 되었다는 것입니다. 그리고 분명한 목적지인 천국에 대한 확신과 해야 할 일을 발견하였기에 결코 어두운 삶을 살 수가 없습니다. 기쁨과 감사를 가지고 살아갑니다. 그리고 자신의 어떤 문제도 하나님께 기도하므로 해결 받을 수 있기에 마음의 여유와 평안함을 가지고 살게 됩니다.

예수 그리스도 그분을 살아 계신 하나님의 아들로, 당신의 죄를 위해 십자가에 돌아가신 사랑의 주님으로 믿으십시오. 그러면 당신의 인생이 달라질 것입니다.

# 하나님의 고민

"이르시되 어떤 사람이 큰 잔치를 배설하고 많은 사람을 청하였더
니 잔치할 시간에 그 청하였던 자들에게 종을 보내어 가로되 오소
서 모든 것이 준비되었나이다 하매 다 일치하게 사양하여 … "
(누가복음 4장 16-18절)

부모는 자녀의 고통을 보면서 자신이 대신 당하고 싶은 마음
을 가지게 됩니다. 이것이 바로 사랑입니다. 남을 대신하여 고
통을 당할 수 있는 사람은 세상에 그리 많지 않습니다. 사랑하
는 마음이 없으면 불가능하기 때문입니다.

창조주 하나님께서 인간의 범죄를 보시며 마음아파하셨습니
다. 죄로부터 돌아오기를 간절히 원하셨습니나. 훈계와 경고
그리고 책망으로 잘못을 지적하셨습니다. 그러나 도무지 깨닫
지 못하고 끊임없이 범죄 하는 인간은 구제불능이었습니다.

죄에 대한 심판이 얼마나 무서운지를 너무나 잘 아시는 하나
님께서는 죄 문제 해결 때문에 고민에 빠지셨습니다.

하나님은 인간의 죄를 해결할 수 있는 길을 마련하셨습니다.

그것은 하나님의 외아들 예수님으로 하여금 대신 죗값을 받도록 하는 것이었습니다. 예수님께서 인간의 죄를 대신 짊어지시고 십자가에 죽으신 것입니다. 누구든지 예수 그리스도를 믿기만 하면 죄 용서를 받을 수 있게 된 것입니다.

그러나 하나님의 고민은 사라지지 않았습니다. 사람들이 이 귀한 진리까지도 우습게 보고 그저 세상살이에만 몰두하고 있기 때문입니다. 잠잘 시간이 지나도 컴퓨터 게임에 빠져 있는 아이처럼 말입니다.

하나님의 지극하신 사랑을 거부하고 무관심한 사람을 보며 오늘도 하나님은 고민하고 계십니다. 그런데 하나님의 또 다른 고민이 생겼습니다. 하나님의 마음을 전해 줄 사람이 너무나 적다는 것입니다. 오늘도 하나님은 사랑의 마음으로 큰 잔치를 준비하고 초청하고 계십니다.

# 천국 장애물

"내가 진실로 진실로 너희에게 이르노니 나의 보낸 자를 영접하는
자는 나를 영접하는 것이요 나를 영접하는 자는 나를 보내신 이를
영접하는 것이니라." (요한복음 13장 20절)

지난 주 금요일 저녁 금요 기도회에 가기 위해 여유 있게 집을 나섰습니다. 그런데 주차장에서 문제가 생겼습니다. 승용차 한 대가 제 차 앞을 가로막고 있었기 때문입니다. 주차할 자리가 없어서 빈 곳이라고 세워둔 곳이 바로 제 차 앞이었습니다. 차 주인이 오기를 기다리다가 포기하고 차를 밀어보니 차가 움직이기 시작했습니다. 이렇게 시간을 보내다 보니 금요 기도회까지는 10분 정도도 남지 않았기에 마음이 조급했습니다.

제 계산으로는 분명 제 시간에 도착할 수 없었습니다. 조급한 마음으로 출발했습니다. 그런데 이게 웬일입니까? 교회로 가는 길에 신호등 여섯 개를 거치는데 놀랍게도 전부 파란 불이었습니다. 뻥 뚫린 도로를 차는 거침없이 달렸고 8시까지 예배실에 도착하여 기도회를 인도하였습니다.

세상을 살다 보면 많은 장애물을 만납니다. 그러나 천국 가는 데는 장애물이 없습니다. 예수님을 믿기만 하면 누구든지 천국 갈 수 있기 때문입니다.

장애물은 사람들의 철학과 경험 그리고 욕심입니다. 하나님께서는 결코 장애물을 만드신 적이 없습니다.

지금 당장 예수님을 인격적으로 영접하기만 하면 당신은 천국까지 직행할 수 있습니다.

# 미국 시민권

"오직 우리의 시민권은 하늘에 있는지라 거기로서 구원하는 자 곧
주 예수 그리스도를 기다리노니" (빌립보서 3장 20절)

과테말라의 수도 과테말라시의 빈민가에서 태어난 호세 안
토니오 구티아레스는 여덟 살 때 고아가 되었습니다. 유일한
혈육인 여동생 엔르라시아와 구걸을 하며 자랐습니다. 건축가
의 꿈을 꾸며 22세 때에 미국으로 밀입국하다가 체포되어 미
국 이민 귀화국으로 넘겨졌습니다. 그는 나이를 17세라고 속
였고 앳된 그의 얼굴 때문에 추방당하는 대신 미성년자 대우를
받아 캘리포니아의 라틴 가정에 입양되었습니다. 미국에서 고
등학교를 졸업하고 곧바로 군대에 입대했습니다. 미군이 되면
쉽게 미국 시민권을 얻을 수 있었기 때문입니다. 하루빨리 미
국 시민권을 얻어 사랑하는 여동생 엔르라시아를 미국으로 데
려오고 싶었던 것입니다. 군입대 후 이라크와의 전쟁이 발발했
고 그는 이라크 전선에 배치되었습니다. 전쟁 발발 3일째 움카

스르 항구에서 이라크 군이 쏜 총알이 그의 가슴을 관통했고
그는 즉사하고 말았습니다.

미국 시민권을 얻어서 사랑하는 동생을 미국으로 데려오겠
다던 그의 꿈은 물거품처럼 사라지고 말았습니다. 그런데 미국
정부는 구티아레스 일병에게 미국 시민권을 부여하기로 결정
했습니다.

이처럼 수많은 사람들이 군 입대와 위장 결혼 등으로 미국
시민권을 얻으려고 합니다. 잠깐 동안 사는 세상에서 좀더 나
은 삶을 누리기 위해서 말입니다.

하나님께서는 사람들에게 영원한 하늘 나라 시민권이 있음
을 알려 주셨습니다. 미국 시민권 보다 더 좋은 하늘 나라 시민
권을 얻기 위해서는 우리가 노력하거나 희생과 모험을 할 필요
가 없습니다. 이미 그 대가를 예수님께서 십자가에서 다 치르
셨기 때문입니다. 누구든지 예수님을 믿기만 하면 하늘 나라
시민권을 얻을 수 있습니다. 아직도 하늘 나라 시민권이 없습
니까?

# 사소한 일

"내가 진실로 진실로 너희에게 이르노니 한 알의 밀이 땅에 떨어져 죽지 아니하면 한 알 그대로 있고 죽으면 많은 열매를 맺느니라." (요한복음 12장 24절)

문제화 된 사건들을 보면 단지 개인적인 이기심 때문에 발생하는 경우가 많습니다. 요즘은 개인의 이익이나 권리를 주장하기 위해서 형성된 단체가 많습니다. 이익 단체가 비록 정의를 부르짖고 이치를 내세울 지라도 그 내면에 뿌리박힌 이기주의는 결국 독초가 되어 많은 사람에게 고통을 주게 됩니다. 극한 이기주의는 폭력화되고 결국은 당파를 만들게 됩니다. 극한 이기심은 사소한 일에 목숨을 걸도록 만듭니다. 돈 때문에 목숨을 거는 사람, 자신의 이익을 위해 생명을 건 투쟁을 하는 사람들에게서 진정한 섬김과 헌신은 찾아볼 수 없습니다.

어떤 배에 남녀 열 명이 타고 항해를 하던 중에 배가 침몰하였습니다. 안타깝게도 구명 보트는 한 대 밖에 없었기에 서로 그 배를 타려고 난리였습니다. 나중에 보니 그 배에 탄 자들은 모두 남자들밖에 없었습니다. 힘센 남자들이 여자들을 밀치고 구명 보트에 탄 것입니다. 과연 이런 남자들이 세상에 어떤 유익을 줄 수 있을까요?

이기심으로 가득 찬 사람들은 결국 세상을 파멸로 몰고 갑니다. 그러나 섬김과 헌신의 자세를 가진 자들은 문제를 일으키는 것이 아니라 문제를 해결해 갑니다.

# 단순 사고사(死)

"너희는 스스로 조심하라 그렇지 않으면 방탕함과 술취함과 생활의 염려로 마음이 둔하여지고 뜻밖에 그 날이 덫과 같이 너희에게 임하리라." (누가복음 21장 34절)

목적을 이루기 위해서는 희생이 따를 수밖에 없습니다. 그러나 불필요한 희생은 최소화시켜야 합니다.

2003년 미국과 이라크와의 전쟁에서 사망한 미군 108명 중 전투로 사망한 미군은 53명인데, 그외 55명은 감전, 익사, 자동차 사고 등 전혀 생각지 않은 우발적인 사고로 숨졌다고 합니다. 그리고 한국전쟁 중에 사망한 미군 중 91%는 전투 중에 목숨을 잃었으나 9%는 안전에 대한 부주의나 실수로 생명을 잃었다고 합니다.

3월이면 대학 신입생 환영회에서 선배들의 강권에 못 이겨 과음한 신입생이 숨졌다는 기사가 종종 신문에 실립니다.

목적을 이루는데 필요한 희생은 그 가치가 있지만 부주의함

과 순간의 방심으로 목숨을 잃는다면 그 당사자나 유가족 모두
에게 더 큰 아픔과 아쉬움으로 남게 될 것입니다.

신앙생활도 이와 같습니다. 정작 희생의 가치가 없는 일에
열을 올리거나 시간을 투자하는 경우가 너무 많습니다.

하나님이 주신 인생의 본질적인 목적 외에 실수나 부주의로
희생을 당한다면 이는 하나님 나라의 손해라고 할 수 있을 것
입니다. 또한 자신에게는 말할 수 없는 비극이며 사랑하는 주
위 사람들 모두에게 아픔과 상처를 안겨 줄 것입니다. 인생을
창조하신 하나님께서 보여 주신 목적지를 망각하고 순간의 욕
심으로 유혹에 넘어간다면 다시는 회복할 수 없는 영원한 실수
가 될 것입니다.

# 급조된 선수들

"이 징조가 네게 임하거든 너는 기회를 따라 행하라 하나님이 너와 함께 하시느니라." (사무엘상 10장 7절)

'리플레이스먼트' 라는 영화의 내용입니다.

미국의 프로미식축구 리그의 워싱턴 센티널즈 팀이 플레이오프를 눈앞에 둔 상황에서 주전선수들이 파업을 합니다. 구단주는 연봉 협상을 포기하고 전설적인 감독 맥킨티를 영입해서 남은 경기에 임하도록 합니다. 앞으로 남은 게임은 네 게임이었습니다. 그는 선수를 급조하여 게임에 임합니다.

급조된 팀의 구성원들은 대학 축구 결승에서 큰 실수로 은퇴한 세인 팔코와 스모선수, 건달, 단거리의 명수인 좀도둑, 죄수, 경찰관 등이었습니다. 첫 게임에서는 패했고, 둘째, 셋째, 게임은 다행히 이겼습니다. 그 게임에서 쿼터백을 맡은 팔코는 실수를 했지만 그들은 짧은 기간에 팀워크를 이루었습니다. 그

때 마침 파업 선수 중 주전으로 뛰던 쿼터백 마텔이 복귀합니다. 구단주는 팔코 대신 마텔을 주전으로 복귀시키라고 요구했고 감독은 어쩔 수 없이 마텔을 주전으로 뛰게 합니다.

그때 팔코는 감독에게 "믿어 주어서 고맙다."는 인사를 합니다. 마지막 네 번째 게임을 이기면 플레이오프에 진출할 수 있습니다. 그러나 전반전 점수는 17대 0이었습니다. 맥킨티 감독은 전격적으로 팔코를 후반전에 투입하며 선수들을 격려합니다. "내일은 파업이 끝나니 너희들에게는 내일은 없다. 그러므로 그 누구도 너희들을 감당할 수 없다. 달라스 팀 녀석들은 임자를 만난 것이야! 너희들을 무서워하지 않다니!"

마지막 후반전에 들어가기에 앞서 선수들은 서로에게 이렇게 말했습니다. "친구들아 너희들과 함께 싸워서 영광이었다." 그들은 팀워크를 이루어 드디어 플레이오프 진출을 확정합니다. 그들은 승리의 기쁨을 서로에게 돌립니다. "감독님 축하합니다." "네가 이 일을 해 낸거야. You! You!"

그들에게는 빈 라커룸과 돌아갈 버스만이 기다리고 있었지만 승리의 기쁨에 도취되어 있었고, 주어진 기회를 잘 활용하여 큰 일을 해냈습니다. 이 세상이라는 운동장에서 기회를 잘 이용하여 최선을 다하고 팀워크를 이룬다면 엘리트들을 부끄럽게 만드는 최고의 승리자가 될 것입니다.

# 낙심거리

"그러므로 우리가 낙심하지 아니하노니 겉 사람은 후패하나 우리의 속은 날로 새롭도다." (고린도후서 4장 16절)

어떤 과부가 억울한 일을 당해서 그 도시에 사는 불의한 재판관을 찾았습니다. 자신의 원한을 풀어 달라고 애원하였으나 아무런 관심을 보이지 않았습니다. 그러나 이 과부는 포기하지 않고 계속해서 애원하자 어쩔 수 없이 과부의 소원을 들어주었습니다.

예수님은 이 비유를 들어서 하나님께서는 밤낮 부르짖는 자의 원한을 반드시 들어주시기에 낙심하지 말고 기도하라고 하십니다. 살다보면 낙심될 때가 있습니다. 그러나 믿음을 가진 자는 아무리 절망적인 상황이라도 결코 낙심해서는 안된다고 말씀하고 있습니다. 이 세상 사람들은 낙심된 일이 있으면 할 수 있는 범위와 한계를 생각하고 이미 마음에서 결정을 내립니다. 불가능한 상황 앞에 굴복하고 마는 것입니다.

그러나 믿음의 사람들에게는 불가능은 없습니다. 그리고 어떤 상황도 문제가 되지 않기에 결코 낙심하지 말고 하나님께 기도하라고 말씀하고 있습니다. 사실 낙심이 되면 기도조차 되지 않는 경우가 많습니다. 그러므로 문제는 하나님께 무릎을 꿇는 것이 중요합니다. 기도해야 할 일도 기도하지 못하고 허둥거리는 경우가 너무나 많기 때문입니다.

'낙심' 이란 우리말의 뜻은 "마음이 떨어졌음"입니다. 마이크로네시아의 길버트 제도에서는 "내 마음이 끝까지 갔음"이라는 뜻이라고 합니다. 낙심은 자신과 자신의 영혼에 재앙을 가져다 주는 심각한 사건입니다.

아직도 낙심할 일이 있습니까? 예수 그리스도를 믿고 하나님의 자녀가 된다면 어떤 낙심거리도 하나님께서 해결해 주실 것입니다.

# 지상 최대의 이벤트

"각양 좋은 은사와 온전한 선물이 다 위로부터 빛들의 아버지께로
서 내려오나니 그는 변함도 없으시고 회전하는 그림자도 없으시니
라." (야고보서 1장 17절)

2002년 7월 21일 국민일보에 난 기사입니다. 호남대 미술학
과 노의웅 교수는 국전 특선 2회, 일본·오스트리아·프랑스 초
대전과 개인전 9회 등의 화려한 경력을 가진 작가입니다. 그가
이색적인 전시회를 열었습니다. 관람객 가운데 60명을 추첨해
서 전시된 작품을 단돈 100원에 판매한다고 발표하였습니다.
노 교수의 그림이 호당 30만 원 정도이기에 2억 원 정도를 사
람들에게 거의 공짜나 다름없이 나누어 준 것입니다.

회갑을 앞둔 시점에서 평생 그림을 그릴 수 있도록 해 준 사
회와 팬들에게 감사를 표시하고 싶어서 이색 이벤트를 개최한
것입니다. 참으로 놀라운 결정이 아닐 수 없습니다. 파격적인
이벤트에서 그림을 구입할 수 있다면 그 기쁨은 말할 수 없을

것입니다.

하나님은 사람들에게 엄청난 이벤트를 계획하셨습니다. 천국을 선물로 주시겠다는 기막힌 내용입니다. 누구든지 예수님을 믿기만 하면 구원을 공짜로 선물로 주시겠다는 놀라운 행사입니다. 영원한 기쁨, 가장 가치 있는 선물을 하나님께서는 공짜로 준비하고 계십니다. 누구든 예수님을 믿기만 하면 이 놀라운 하나님의 작품인 천국을 선물로 받을 수 있습니다.

# 학력과 회개

"여호와께서 말씀하시되 오라 우리가 서로 변론하자 너희 죄가 주
홍 같을 지라도 눈과 같이 희어질 것이요 진홍 같이 붉을지라도
양털 같이 되리라." (이사야 1장 18절)

한국 형사정책연구원이 출소를 앞둔 550여 명의 죄수를 대
상으로 출소 전 수형자의 의식 조사를 하였습니다. 초등학교
졸업 이하의 수형자는 84.7%가 죄의 대가를 치르고 나니 홀가
분하다고 답했고, 중학교 중퇴 및 졸업자들은 82%, 고등학교
중퇴 및 졸업자는 67%, 전문대 이상 학력을 가진 수형자는
69.5%만 같은 답을 했다고 합니다. 이는 학력이 높을수록 질
못을 뉘우치는 수치가 낮게 나온 것입니다. 또한 학력이 높을
수록 잘못을 자신보다는 남의 탓으로 돌렸다고 합니다.

죄는 인생을 파멸시킵니다. 그러나 죄를 뉘우치는 자는 무한
한 가능성이 있는 사람입니다. 하나님은 자신의 잘못을 뉘우치
고 돌아오는 자는 용서와 사랑으로 받아 주시기 때문입니다.

비록 세상 사람들에게 용서받지 못해 죄인이라고 손가락질을 당해도 하나님 앞에서 자신이 죄인임을 고백하고 용서를 구하면 반드시 용서해 주십니다. 그리고 사랑으로 받아 주십니다.

세상에서 가장 파렴치한 사람은 지은 죄에 대해 뉘우침이 없는 사람입니다. 그러나 더욱 안타까운 것은 죽을 때까지 자신의 죄 문제를 해결하지 못하고 죽어가는 자들입니다.

하나님은 이 세상 모든 사람들에게 회개할 기회를 주셨습니다. 예수님께서 우리의 죄 때문에 십자가에 죽으셨다는 사실을 믿기만 하면 죄 용서받는 은총을 누리게 됩니다. 하나님은 이 세상 사람 누구도 영원한 죄인이 되기를 원하지 않습니다.

# 영적 다산왕

"지혜 있는 자는 궁창의 빛과 같이 빛날 것이요 많은 사람을 옳은 데로 돌아오게 한 자는 별과 같이 영원토록 비취리라." (다니엘 12장 3절)

광주 북구의 출생률은 1999년에 6,707명이었던 것이 2001년에는 5,062명으로 감소했다고 합니다. 그래서 출산을 장려하기 위해 만 20-45세 주부를 대상으로 다산왕을 선발해서 포상을 하였다고 합니다. 포상 내용은 다산한 주부를 대상으로 하며 출산수가 같을 때는 최소 연령자 순으로 정했으며, 1등에는 부부 동반 제주도 2박 3일 여행권을, 2등에게는 30만 원, 3등은 20만 원의 상품권을 제공하였다고 합니다.

오래 전 어떤 교회에서는 4명 이상의 자녀를 출산하면 부부 동반 해외 여행권을 선물로 주었다고 합니다.

그리스도인의 출산은 확실한 믿음의 자녀를 길러내는 방법입니다. 세상에서의 다산왕에게도 상품이 있다면 영적인 출산이라고 할 수 있는 전도야말로 하나님으로부터 엄청난 다산왕 포상이 있을 것입니다.

이 세상의 출산은 나이와 건강에 따라 다르며 한계가 있지만 영적인 출산은 생명이 붙어 있는 동안 할 수 있기에 누구에게나 주어진 공평한 기회입니다.

하나님은 영적 출산을 원하기만 하면 적극적으로 도와 주십니다.